Italská kuchařka

Tři generace rodinných receptů od Nonny Marii

Martina Bianchi

OBSAH

Mořské plody, těstoviny a fazolová polévka 8

Mušle a škeble v rajčatovém vývaru 12

marinara omáčka 14

čerstvá rajčatová omáčka 16

Rajčatová omáčka, sicilský styl 18

Rajčatová omáčka, toskánský styl 20

Pizzaiola omáčka 22

"falešná" masová omáčka 24

Růžová omáčka 27

Rajčatová omáčka s cibulí 29

omáčka z pečených rajčat 31

Ragú ve stylu Abruzzo 33

neapolské ragú 36

klobásové ragú 40

Ragu ve stylu pochodů 42

toskánská masová omáčka 45

Ragu alla bologna 49

kachní ragú 52

Humří salát 54

Salát z toskánského tuňáka a fazolí 58

Tuňákový salát s kuskusem 60

Tuňákový salát s fazolemi a rukolou 62

Tuňákový salát v pátek večer 65

Dresink z gorgonzoly a lískových oříšků 67

Citronový krémový dresink 68

Pomerančový a medový dresink 69

Masový vývar 70

Kuřecí polévka 72

Antoniettina fazolová polévka 74

Těstoviny a fazole 77

Krémová fazolová polévka 79

Friulský ječmen a fazolová polévka 81

Fazolová a houbová polévka 83

Těstoviny a fazole Milan 85

Čočková a fenyklová polévka 89

Špenátová, čočková a rýžová polévka 91

Čočková a zeleninová polévka 93

Čočková polévka z pyré s krutony 95

Cizrnová polévka z Puglia 97

Polévka z cizrny a těstovin 99

Ligurská polévka z cizrny a hříbků 101

Toskánský chléb a zeleninová polévka 103

Zimní squashová polévka 107

Polévka "vařená voda" 109

Polévka s cuketovým pestem 111

Pórková, rajčatová a chlebová polévka 113

Polévka z cukety a rajčat 115

Polévka z cukety a brambor 117

Smetanová fenyklová polévka 119

Houbová a bramborová polévka 121

Květákový krém 123

Sicilská polévka z rajčat a ječmene 125

polévka z červené papriky 127

Fontina, chléb a zelňačka 129

krémová houbová polévka 131

Pesto zeleninová polévka 133

Vaječná polévka Pavia 135

Motýlky s Amaretti 137

Špagety se sázenými vejci, Salerno Styl 139

tagliarini soufflé 142

Špagety ve stylu hořáku na dřevěné uhlí 146

Bucatini s rajčaty, slaninou a feferonkou 148

Penne se slaninou, pecorinem a černým pepřem 151

Penne s vepřovým masem a květákem 154

Špagety s vodkovou omáčkou 157

Motýlci s chřestem, smetanou a prosciuttem 160

Penne "přetažené" masovou omáčkou 162

Špagety, styl Caruso 165

Penne s fazolemi a pancettou 167

Těstoviny s cizrnou 170

Rigatoni Rigoletto 172

Anniny smažené špagety 175

Timbale z těstovin s lilkem 178

pečená ziti 182

Sicilské pečené těstoviny 184

Zapečené těstoviny Sophia Loren 188

Linguine s omáčkou z mušlí 190

Toskánské špagety se škeblemi 193

Linguini s ančovičkami a pikantní rajčatovou omáčkou 196

Linguini s krabem a baby rajčaty 198

Linguine se smíšenou omáčkou z mořských plodů 200

Jemné špagety s bottargou 203

Benátské celozrnné špagety v sardelové omáčce 205

Špagety ve stylu Capri 207

Linguini s krevetami, benátský styl 209

Mořské plody, těstoviny a fazolová polévka

Těstoviny a Fagioli ai Frutti di Mare

Vyrobí 4 až 6 porcí

Polévky, které kombinují těstoviny a fazole s mořskými plody, jsou oblíbené v celé jižní Itálii. Toto je moje verze té, kterou jsem vyzkoušel v Alberto Ciarla, slavné restauraci s mořskými plody v Římě.

1 libra malých mušlí

1 libra malých škeblí

2 lžíce olivového oleje

2 unce jemně nakrájené slaniny

1 střední cibule, jemně nakrájená

2 stroužky česneku nakrájené nadrobno

3 šálky vařených, sušených nebo konzervovaných fazolí cannellini, okapaných

1 šálek nakrájených rajčat

1/2 libry kalamáry (chobotnice), nakrájené na 1-palcové kroužky

Sůl a čerstvě mletý černý pepř

8 uncí špaget, nalámaných na 1-palcové kousky

2 lžíce nasekané čerstvé petrželky

Extra panenský olivový olej

1. Mušle vložte na 30 minut do studené vody, aby byly zakryté. Vydrhněte je tvrdým kartáčem a seškrábněte všechny vilíny nebo řasy. Odstraňte vousy tahem směrem k úzkému konci mušlí. Slávky, které mají popraskanou skořápku nebo které po poklepání těsně netěsní, vyhoďte. Slávky vložte do velkého hrnce s 1/2 šálku studené vody. Hrnec přikryjeme a přivedeme k varu. Vařte, dokud se mušle neotevřou, asi 5 minut. Pomocí děrované lžíce přendejte mušle do misky.

2. Vložte škeble do hrnce a zakryjte pánev. Vařte, dokud se škeble neotevřou, asi 5 minut. Vyjměte škeble z hrnce. Tekutinu z hrnce přecedíme přes papírový kávový filtr do misky a dáme stranou.

3. Pomocí prstů vyjměte škeble a slávky ze skořápek a vložte je do misky.

4. Nalijte olej do velkého hrnce. Přidejte slaninu, cibuli a česnek. Vařte za častého míchání na středním plameni do měkka a zlatavě hnědé, asi 10 minut.

5. Přidejte fazole, rajčata a kalamáry. Přidejte odloženou šťávu z měkkýšů. Přiveďte k varu a vařte 20 minut.

6. Přidejte korýše a vařte, dokud se neuvaří, asi 5 minut.

7. Mezitím přiveďte k varu velký hrnec s vodou. Přidejte těstoviny a sůl podle chuti. Vařte do měkka. Sceďte těstoviny a přidejte je do polévky. Pokud se vám polévka zdá příliš hustá, přidejte trochu tekutiny z těstovin.

8. Přidejte petržel. Podávejte horké, pokapané extra panenským olivovým olejem.

Mušle a škeble v rajčatovém vývaru

Zuppa di Cozze

Vyrobí 4 porce

Můžete to udělat se všemi mušlemi nebo všemi škeblemi, pokud chcete.

2 libry mušlí

1/2 šálku olivového oleje

4 stroužky česneku, jemně nasekané

2 lžíce nasekané čerstvé petrželky

Špetka drcené červené papriky.

1 šálek suchého bílého vína

3 libry zralých rajčat, oloupaných, zbavených semínek a nakrájených na kostičky nebo 2 (28 až 35 uncí) plechovek dovezených italských loupaných rajčat, nakrájených na kostičky

Sůl

2 libry malých škeblí

8 plátků opečeného italského nebo francouzského chleba

1 celý stroužek česneku

1. Mušle vložte na 30 minut do studené vody, aby byly zakryté. Vydrhněte je tvrdým kartáčem a seškrábněte všechny vilíny nebo řasy. Odstraňte vousy tahem směrem k úzkému konci mušlí. Slávky, které mají popraskanou skořápku nebo které po poklepání těsně netěsní, vyhoďte.

2. Ve velkém hrnci rozehřejte olej na středním plameni. Přidejte nasekaný česnek, petržel a drcenou červenou papriku a vařte, dokud česnek nezezlátne, asi 2 minuty. Přidejte víno a přiveďte k varu. Přidejte rajčata a špetku soli. Vařte na středním plameni za občasného míchání do mírného zhoustnutí, asi 20 minut.

3. Jemně vmíchejte mušle a škeble. Hrnec přikryjte. Vařte 5 až 10 minut, dokud se mušle a škeble neotevřou. Ty, které se neotevírají, vyhoďte.

4. Toast potřeme nasekaným stroužkem česneku. Do každého hlubokého talíře vložte kousek chleba. Navrch dejte mušle a škeble a jejich tekutinu. Podávejte horké.

používat s jinými potravinami.

marinara omáčka

marinara omáčka

Vyrobí 2 1/2 šálků

Česnek dodává této rychle uvařené omáčce v jihoitalském stylu její charakteristickou chuť. Neapolci hřebíček lehce rozdrtí stranou velkého nože. To usnadňuje odstranění slupky a otevírá hřebíček, aby uvolnil jeho chuť. Před podáváním odstraňte celé stroužky česneku.

Bazalku přidávám pozdě v době vaření pro nejčerstvější chuť. Sušená bazalka je špatná náhrada za čerstvou, ale můžete ji nahradit čerstvou petrželkou nebo mátou. Tato omáčka je ideální na špagety nebo jiné suché těstoviny.

1/4 šálku olivového oleje

2 velké stroužky česneku, rozdrcené

Špetka mleté červené papriky

3 libry čerstvých švestkových rajčat, oloupaných, zbavených semínek a nakrájených na kostičky, nebo 1 plechovka (28 uncí) dovezených italských loupaných rajčat se šťávou, prošla mlýnkem na potraviny

Sůl podle chuti

4 lístky čerstvé bazalky, nakrájené na kousky

1. Nalijte olej do střední pánve. Přidejte česnek a červenou papriku. Vařte na středním plameni, česnek jednou nebo dvakrát obracejte do zlatohněda, asi 5 minut. Vyjměte česnek z pánve.

2. Přidejte rajčata a sůl podle chuti. Vařte 20 minut za občasného míchání nebo dokud omáčka nezhoustne.

3. Vypněte oheň a přidejte bazalku. Podávejte horké. Může být vyroben předem a skladován v těsně uzavřené nádobě v chladničce po dobu až 5 dnů nebo v mrazáku po dobu až 2 měsíců.

čerstvá rajčatová omáčka

Leggero omáčka

Připraví 3 šálky

Tato omáčka je neobvyklá v tom, že nezačíná obvyklou cibulí nebo česnekem vařeným na olivovém oleji nebo másle. Místo toho se aromata dusí spolu s rajčaty, aby omáčka měla jemnou zeleninovou chuť. Podávejte s některou z čerstvých těstovin nebo jako omáčku k frittátě či jiné omeletě.

4 libry zralých švestkových rajčat, oloupaných, zbavených semínek a nakrájených

1 střední mrkev, nakrájená

1 střední cibule nakrájená

1 malé celerové žebro, nakrájené

Sůl podle chuti

6 lístků čerstvé bazalky, nakrájené na malé kousky

1/4 šálku extra panenského olivového oleje

1. Ve velkém těžkém hrnci smíchejte rajčata, mrkev, cibuli, celer, špetku soli a bazalku. Hrnec přikryjeme a vaříme na středním plameni, dokud směs nezhoustne. Odkryjte a za občasného míchání vařte 20 minut nebo dokud omáčka nezhoustne.

2. Necháme mírně vychladnout. Omáčku protáhněte mlýnkem na jídlo nebo pyré v kuchyňském robotu nebo mixéru. Jemně prohřejte a ochuťte kořením. Přidejte olej. Podávejte horké. Může být vyroben předem a skladován v těsně uzavřené nádobě v chladničce po dobu až 5 dnů nebo v mrazáku po dobu až 2 měsíců.

Rajčatová omáčka, sicilský styl

Salsa di Pomodoro alla Siciliana

Připraví přibližně 3 šálky

Sledoval jsem Annu Tascu Lanzu, která provozuje školu vaření na vinařském panství Regaleali své rodiny na Sicílii, jak tímto způsobem vyrábí rajčatovou omáčku. To vše jde do hrnce, a když se to vaří dostatečně dlouho, omáčka se rozdrtí v mlýnku na jídlo, aby se odstranila semínka rajčat. Máslo a olivový olej, přidané na konci doby vaření, omáčku obohatí a osladí. Podáváme s bramborovými noky nebo čerstvým fettuccine.

3 libry zralých rajčat

1 střední cibule, nakrájená na tenké plátky

1 stroužek česneku nasekaný nadrobno

2 lžíce nasekané čerstvé bazalky

Špetka mleté červené papriky

1/4 šálku olivového oleje

1 lžíce nesoleného másla

1. Pokud používáte mlýnek na pyré, rozčtvrťte je podélně a přejděte ke kroku 2. Pokud používáte kuchyňský robot nebo mixér, rajčata nejprve oloupejte: Přiveďte k varu střední hrnec s vodou. Přidejte rajčata po několika a vařte 1 minutu. Pomocí děrované lžíce je vyjměte a vložte do misky se studenou vodou. Opakujte se zbývajícími rajčaty. Rajčata oloupeme, zbavíme jádřinců a semen.

2. Ve velkém hrnci smíchejte rajčata, cibuli, česnek, bazalku a drcenou červenou papriku. Přikryjeme a přivedeme k varu. Vařte 20 minut nebo dokud cibule nezměkne. Necháme mírně vychladnout.

3. Nechejte směs projít mlýnkem na potraviny, pokud jej používáte, nebo rozmixujte v mixéru nebo kuchyňském robotu. Pyré vraťte do hrnce. Přidejte bazalku, červenou papriku a sůl podle chuti.

4. Těsně před podáváním omáčku prohřejte. Sundejte z ohně a přidejte olivový olej a máslo. Podávejte horké. Může být vyroben předem a skladován v těsně uzavřené nádobě v chladničce po dobu až 5 dnů nebo v mrazáku po dobu až 2 měsíců.

Rajčatová omáčka, toskánský styl

Salsa di Pomodoro alla Toscana

Připraví 3 šálky

Soffritto je směs nakrájené aromatické zeleniny, obvykle cibule, mrkve a celeru, vařená na másle nebo oleji, dokud nezměkne a lehce zhnědne. Je ochucovacím základem mnoha omáček, polévek a dušených pokrmů a základní technikou italské kuchyně. Mnoho italských kuchařů dává všechny ingredience na soffritto dohromady do studené pánve a poté zapne teplo. Takto se všechny ingredience uvaří doměkka a nic se nepřepeče ani nepřepeče. Při alternativním způsobu nejprve zahřát olej a poté přidat nakrájené přísady, existuje nebezpečí přehřátí oleje. Zelenina může zhnědnout, převařit a zhořknout. Tato rajčatová omáčka v toskánském stylu začíná soffrittem z obvyklé zeleniny a česneku vařeného s olivovým olejem.

4 lžíce olivového oleje

1 střední cibule, jemně nakrájená

1 1/2 šálku nakrájené mrkve

1 1/4 šálku nakrájeného celeru

1 malý stroužek česneku, nasekaný

3 libry čerstvých zralých švestkových rajčat, oloupaných, zbavených semínek a nakrájených najemno, nebo 1 (28 uncí) plechovky dovezených italských loupaných rajčat se šťávou, prošlo mlýnem na potraviny

1/2 hrnku kuřecího vývaru

Špetka mleté červené papriky

Sůl

2 nebo 3 lístky bazalky, nakrájené

1. Nalijte olej do střední pánve. Přidejte cibuli, mrkev, celer a česnek. Vařte na středním plameni za občasného míchání, dokud zelenina nezměkne a nezezlátne, asi 15 minut.

2. Přidejte rajčata, vývar, červenou papriku a sůl podle chuti. Přiveďte k varu. Pánev částečně zakryjte a vařte za občasného míchání do zhoustnutí, asi 30 minut.

3. Přidejte bazalku. Podávejte horké. Může být vyroben předem a skladován v těsně uzavřené nádobě v chladničce po dobu až 5 dnů nebo v mrazáku po dobu až 2 měsíců.

Pizzaiola omáčka

Pizzaiola omáčka

Vyrobí přibližně 2 1/2 šálků

Neapolci používají tuto chutnou omáčku k vaření malých steaků nebo kotlet (viz Maso), nebo podávejte na špagetách. Obecně se však na pizzu nepoužívá, protože extrémní teplo neapolských pecí na pizzu vytápěných dřevem by převařilo již uvařenou omáčku. Svůj název získala podle rajčat, česneku a oregana, stejných přísad, které výrobce pizzy obvykle používá na pizzu.

Česnek nasekejte najemno, aby v omáčce nezůstaly velké kousky.

2 velké stroužky česneku, jemně nasekané

1/4 šálku olivového oleje

Špetka mleté červené papriky

1 (28 uncí) plechovka dovezených italských loupaných rajčat se šťávou, nakrájená

1 lžička sušeného oregana, rozdrobeného

Sůl

1. Ve velké pánvi opečte česnek na oleji na středním plameni dozlatova, asi 2 minuty. Přidejte drcenou červenou papriku.

2. Přidejte rajčata, oregano a sůl podle chuti. Omáčku přiveďte k varu. Vařte za občasného míchání 20 minut nebo dokud omáčka nezhoustne. Podávejte horké. Může být vyroben předem a skladován v těsně uzavřené nádobě v chladničce po dobu až 5 dnů nebo v mrazáku po dobu až 2 měsíců.

"falešná" masová omáčka

Sugo Finto

Připraví přibližně 6 šálků

Sugo finto znamená „falešná omáčka", zvláštní název pro tak lahodnou a užitečnou omáčku, která se podle mého přítele Larse Leichta často používá ve střední Itálii. Tento recept pochází od jeho tety, která žije mimo Řím. Je tak plný chuti, že byste se mohli oklamat, abyste si mysleli, že v něm bylo nějaké maso. Omáčka je ideální pro chvíle, kdy chcete něco složitějšího než jednoduchou rajčatovou omáčku, ale nechcete do ní přidávat maso. Tento recept jde daleko, ale pokud chcete, můžete ho snadno rozpůlit.

1/4 šálku olivového oleje

1 středně žlutá cibule, nakrájená nadrobno

2 malé mrkve, oloupané a nakrájené nadrobno

2 stroužky česneku nakrájené nadrobno

4 lístky čerstvé bazalky, nakrájené

1 malá sušená chilli paprička, drcená nebo špetka drcené červené papriky

1 šálek suchého bílého vína

2 plechovky (každá 28 až 35 uncí) dovezená italská loupaná rajčata se šťávou nebo 6 liber čerstvých švestkových rajčat, oloupaných, zbavených semínek a nakrájených na kostičky

1. Ve velkém hrnci smíchejte olej, cibuli, mrkev, česnek, bazalku a chilli. Vařte na středním plameni za občasného míchání, dokud zelenina nezměkne a nezezlátne, asi 10 minut.

2. Přidejte víno a přiveďte k varu. Vařte 1 minutu.

3. Rajčata dejte přes mlýnek na jídlo do hrnce nebo na kaši v mixéru nebo kuchyňském robotu. Přiveďte k varu a snižte teplotu. Dochutíme solí. Vařte za občasného míchání 30 minut nebo dokud omáčka nezhoustne. Podávejte horké. Může být vyroben předem a skladován v těsně uzavřené nádobě v chladničce po dobu až 5 dnů nebo v mrazáku po dobu až 2 měsíců.

Růžová omáčka

Omáčka di Pomodoro alla Panna

Připraví přibližně 3 šálky

Těžká smetana zjemní tuto krásnou růžovou omáčku. Podávejte se zelenými ravioli nebo noky.

1/4 šálku nesoleného másla

1/4 šálku nakrájené čerstvé šalotky

3 libry čerstvých rajčat, oloupaných, zbavených semínek a nakrájených na kostičky, nebo 1 (28 uncí) plechovky dovezených italských loupaných rajčat se šťávou

Sůl a čerstvě mletý černý pepř

1/2 šálku husté smetany

1. Ve velkém hrnci rozpusťte máslo na středně mírném ohni. Přidejte šalotku a vařte do zlatova, asi 3 minuty. Přidejte rajčata, sůl a pepř a za stálého míchání vařte, dokud se omáčka nerozvaří. Pokud použijete rajčata z konzervy, nakrájejte je lžící. Vařte za občasného míchání, dokud omáčka mírně nezhoustne, asi 20 minut. Necháme mírně vychladnout.

2. Směs rajčat propasírujeme mlýnkem na brambory. Omáčku vrátíme do hrnce a zahříváme na středním plameni. Přidejte smetanu a vařte 1 minutu nebo do mírného zhoustnutí. Podávejte horké.

Rajčatová omáčka s cibulí

Salsa di Pomodoro s cipollou

Vyrobí 2 1/2 šálků

Přírodní cukr z cibule doplňuje sladkost másla v této omáčce. Tato omáčka se také dobře dělá se šalotkou místo cibule.

3 lžíce nesoleného másla

1 lžíce olivového oleje

1 malá cibule, velmi jemně nakrájená

3 libry švestkových rajčat, oloupaných, zbavených semínek a nakrájených na kostičky, nebo 1 plechovka (28 uncí) dovezených italských loupaných rajčat se šťávou, prošla mlýnkem na potraviny

Sůl a čerstvě mletý černý pepř podle chuti.

1. Ve středně těžkém hrnci rozpusťte na středním plameni máslo s olejem. Přidejte cibuli a vařte za stálého míchání jednou nebo dvakrát, dokud cibule nezměkne a nezezlátne, asi 7 minut.
2. Přidejte rajčata a sůl a pepř. Omáčku přiveďte k varu a vařte 20 minut nebo do zhoustnutí.

omáčka z pečených rajčat

Salsa di Pomodoro Arrostito

Vystačí na 1 libru těstovin

Tímto způsobem lze vařit i méně než dokonalá čerstvá rajčata. Můžete použít jen jednu odrůdu rajčat nebo několik druhů. Zvláště pěkná je kombinace červených a žlutých rajčat. Z bylinek jsou jasnou volbou bazalka nebo petržel, ale můžete také použít směs, která obsahuje pažitku, rozmarýn, mátu nebo cokoli, co máte po ruce.

Rád griluji předem, pak omáčku pokojové teploty vmíchám do horkých těstovin, jako jsou penne nebo fusilli. Moje kamarádka Suzie O'Rourke mi říká, že její oblíbený způsob podávání je jako předkrm namazaný na plátky toastového italského chleba.

2 1/2 libry kulatá, švestková, cherry nebo hroznová rajčata

4 stroužky česneku, jemně nasekané

Sůl

Špetka mleté červené papriky

1 1/2 šálku olivového oleje

¹1/2 šálku nasekané bazalky, petrželky nebo jiných čerstvých bylinek

1. Umístěte rošt do středu trouby. Předehřejte troubu na 400 ° F. Vymažte nereaktivní pekáč o rozměrech 13 × 9 × 2 palce.

2. Kulatá nebo švestková rajčata nakrájejte nahrubo na 1/2palcové kousky. Cherry nebo hroznová rajčata nakrájejte na poloviny nebo čtvrtky.

3. Rozložte rajčata v pánvi. Posypeme česnekem, solí a drcenou červenou paprikou. Pokapejte olejem a jemně promíchejte.

4. Pečte 30 až 45 minut, nebo dokud rajčata lehce nezhnědnou. Vyjměte rajčata z trouby a přidejte bylinky. Podávejte horké nebo při pokojové teplotě.

Ragú ve stylu Abruzzo

Ragù Abruzzese

Vyrobí asi 7 šálků

Zelenina pro toto ragú se nechá celá a část masa se vaří s kostí. Na konci doby vaření se odstraní veškerá zelenina a volné kosti. Obvykle se maso vyjme z omáčky a podává se jako druhý chod. Podávejte tuto omáčku s hustými tvary těstovin jako rigatoni.

3 lžíce olivového oleje

1 libra vepřové plec s několika kostmi, nakrájená na 2-palcové kousky

1 libra jehněčího krku nebo plece s kostí, nakrájená na 2-palcové kousky

1 libra vykostěného hovězího dušeného masa, nakrájeného na 1-palcové kousky

1 1/2 šálku suchého červeného vína

2 lžíce rajčatového protlaku

4 libry čerstvých rajčat, oloupaných, zbavených semínek a nakrájených na kostičky, nebo 2 (28 uncí) plechovky dovezených italských loupaných rajčat se šťávou, prošly mlýnem na potraviny

2 šálky vody

Sůl a čerstvě mletý černý pepř

1 střední cibule

1 plátek celeru

1 střední mrkev

1. Ve velkém těžkém hrnci rozehřejte olej na středním plameni. Přidejte maso a za občasného míchání vařte, dokud lehce nezhnědne.

2. Přidejte víno a vařte, dokud se většina tekutiny neodpaří. Přidejte rajčatovou pastu. Přidejte rajčata, vodu, sůl a pepř podle chuti.

3. Přidejte zeleninu a přiveďte k varu. Hrnec zakryjte a za občasného míchání vařte, dokud maso není velmi měkké, asi 3 hodiny. Pokud se vám omáčka zdá řídká, odkryjeme a vaříme, dokud se mírně nezredukuje.

4. Necháme vychladnout. Odstraňte volné kosti a zeleninu.

5. Před podáváním zahřejte nebo zakryjte a uchovávejte v chladničce po dobu až 3 dnů nebo v mrazáku po dobu až 3 měsíců.

neapolské ragú

Ragu alla neapolské

Vyrobí asi 8 šálků

Toto šťavnaté ragú, vyrobené z různých kusů hovězího a vepřového masa, je to, co mnoho Italů-Američané nazývá „omáčka", které se připravuje na nedělní oběd nebo večeři v poledne. Je ideální pro míchání se značnými tvary těstovin, jako jsou skořápky nebo rigatoni, a pro použití v pečených těstovinových pokrmech, jako jsou např.<u>Neapolské lasagne</u>.

Masové kuličky se do omáčky přidávají ke konci doby vaření, takže je můžete připravovat, zatímco se omáčka vaří.

2 lžíce olivového oleje

1 libra masité vepřové krkovičky nebo náhradních žebírek

1 libra hovězího masa v jednom kuse

1 libra vepřové nebo fenyklové klobásy italského typu

4 stroužky česneku, lehce rozdrcené

1 1/4 šálku rajčatové pasty

3 (28 až 35 uncí) plechovky dovezená italská loupaná rajčata

Sůl a čerstvě mletý černý pepř podle chuti.

6 lístků čerstvé bazalky, nakrájené na malé kousky

1 receptNeapolské masové kuličky, největší velikost

2 šálky vody

1. Ve velkém těžkém hrnci rozehřejte olej na středním plameni. Vepřové maso osušíme a kousky vložíme do hrnce. Vařte za občasného obracení asi 15 minut nebo do zhnědnutí ze všech stran. Vyjměte vepřové maso na talíř. Maso osmahneme stejným způsobem a vyjmeme z hrnce.

2. Vložte klobásy do hrnce a opečte ze všech stran. Párky oddělte od ostatních mas.

3. Vypusťte většinu tuku. Přidejte česnek a vařte 2 minuty nebo dozlatova. Vyhoďte česnek. Přidejte rajčatovou pastu; vaříme 1 minutu.

4. Pomocí mlýnku na jídlo rozmačkejte rajčata a šťávu z nich v hrnci. Nebo pro hustší omáčku rajčata jednoduše nakrájejte na kostičky. Přidejte 2 šálky vody a sůl a pepř. Přidejte vepřové maso, hovězí maso, klobásu a bazalku. Omáčku přiveďte k varu.

Hrnec částečně zakryjte a vařte na mírném ohni za občasného míchání 2 hodiny. Pokud je omáčka příliš hustá, přidejte ještě trochu vody.

5. Mezitím si připravte masové kuličky. Když je omáčka téměř hotová, přidejte do omáčky masové kuličky. Vařte 30 minut, nebo dokud není omáčka hustá a maso velmi měkké. Vyjměte maso z omáčky a podávejte jako druhý chod nebo samostatné jídlo. Omáčku podávejte horkou. Zakryjte a uchovávejte ve vzduchotěsné nádobě v chladničce po dobu až 3 dnů nebo v mrazáku po dobu až 2 měsíců.

klobásové ragú

Ragù di Salsiccia

Vyrobí 4 1/2 šálků

Tuto jihoitalskou omáčku zdobí malé kousky vepřového masa na italský způsob. Pokud máte rádi pikantní, použijte horkou klobásu. Podávejte tuto omáčku <u>bramborové tortelli</u>nebo tlusté těstoviny, jako jsou skořápky nebo rigatoni.

1 libra obyčejné italské vepřové klobásy

2 lžíce olivového oleje

2 stroužky česneku nakrájené nadrobno

1 1/2 šálku suchého bílého vína

3 libry čerstvých švestkových rajčat, oloupaných, zbavených semínek a nakrájených na kostičky, nebo 1 plechovka (28 uncí) dovezených italských loupaných rajčat se šťávou, prošla mlýnkem na potraviny

Sůl a čerstvě mletý černý pepř

3 až 4 lístky čerstvé bazalky, natrhané na kousky

1. Vyjměte klobásu ze střívek. Maso nakrájíme nadrobno.

2. Ve velkém hrnci rozehřejte olej na středním plameni. Přidejte maso chorizo a česnek. Vařte za častého míchání, dokud vepřové maso lehce nezhnědne, asi 10 minut. Přidejte víno a přiveďte k varu. Vařte, dokud se většina vína neodpaří.

3. Přidejte rajčata a sůl podle chuti. Přiveďte k varu. Snižte teplo na minimum. Vařte za občasného míchání, dokud omáčka nezhoustne, asi 1 hodinu 30 minut. Bazalku přidejte až těsně před podáváním. Podávejte horké. Může být vyroben předem a skladován v těsně uzavřené nádobě v lednici po dobu až 3 dnů nebo v mrazáku po dobu až 2 měsíců.

Ragu ve stylu pochodů

Ragu di Carne alla Marchigiana

Připraví přibližně 5 šálků

Městečko Campofilone ve středoitalských Marches každoročně hostí festival těstovin, který přitahuje návštěvníky z daleka. Vrcholem banketu jsou maccheroncini, ručně rolované vaječné těstoviny podávané s touto pikantní masovou omáčkou. Směs bylin a špetka hřebíčku dodává tomuto ragú zvláštní chuť. Trocha mléka přidaného na konci doby vaření zajistí hladký závěr. Pokud tuto omáčku připravujete předem, přidejte mléko těsně před podáváním. Podávejte s fettuccine.

1 domácí hrnekMasový vývarnebo hovězí vývar z obchodu

1/4 šálku olivového oleje

1 malá cibule nakrájená nadrobno

1 celerové žebro, nakrájené

1 nakrájená mrkev

1 lžíce nasekané čerstvé petrželky

2 lžičky nasekaného čerstvého rozmarýnu

1 lžička nasekaného čerstvého tymiánu

1 bobkový list

1 libra vykostěného ribeye, nakrájeného na 2-palcové kousky

1 plechovka (28 uncí) dovezená italská loupaná rajčata, scezená a protlačená potravinářským mlýnkem

Špetka mletého hřebíčku

Sůl a čerstvě mletý černý pepř

1/2 šálku mléka

1. V případě potřeby připravte vývar. Nalijte olej do velkého hrnce. Přidejte zeleninu a bylinky a vařte na středním plameni za občasného míchání 15 minut nebo dokud zelenina nezměkne a nezezlátne.

2. Přidejte maso a za častého míchání opékejte, dokud maso nezhnědne. Posypte solí a pepřem. Přidejte rajčatový protlak, vývar a hřebíček. Přiveďte k varu. Pánev částečně zakryjte a za občasného míchání vařte, dokud maso nezměkne a omáčka nezhoustne, asi 2 hodiny.

3. Maso vyjmeme, scedíme a nakrájíme nadrobno. Mleté maso vmícháme zpět do omáčky.

4. Před podáváním přidejte mléko a 5 minut zahřejte. Podávejte horké. Může být vyroben předem a skladován ve vzduchotěsné nádobě v lednici po dobu až 3 dnů nebo v mrazáku po dobu až 2 měsíců.

toskánská masová omáčka

Ragu alla Toscana

Připraví 8 šálků

Koření a citronová kůra dodává tomuto hovězímu a vepřovému ragú sladkou chuť. podávejte spici.

4 lžíce nesoleného másla

1/4 šálku olivového oleje

4 unce dovezeného italského prosciutta, nasekané

2 střední mrkve

2 střední červené cibule

1 velké celerové žebro, nakrájené

1/4 šálku nasekané čerstvé petrželky

1 libra vykostěného ribeye, nakrájeného na 2-palcové kousky

8 uncí sladké italské klobásy nebo mletého vepřového masa

2 libry čerstvých rajčat nebo 1 (28 uncí) plechovka dovezených loupaných italských rajčat, nakrájených

2 domácí hrnkyMasový vývarnebo hovězí vývar z obchodu

1/2 šálku suchého červeného vína

1/2 lžičky citronové kůry

špetka skořice

špetka muškátového oříšku

Sůl a čerstvě mletý černý pepř podle chuti.

1. Ve velkém hrnci rozpusťte na středním plameni máslo s olivovým olejem. Přidejte prosciutto a nakrájenou zeleninu a za častého míchání vařte 15 minut.

2. Přidejte maso a za častého míchání vařte do zhnědnutí, asi 20 minut.

3. Přidejte rajčata, vývar, víno, citronovou kůru, skořici, muškátový oříšek a podle chuti sůl a pepř. Směs přiveďte k varu. Vařte za občasného míchání, dokud omáčka nezhoustne, asi 2 hodiny.

4. Vyjměte kousky masa z hrnce. Položte je na prkénko a nakrájejte na malé kousky. Do omáčky přidáme mleté maso. Podávejte horké. Může být vyroben předem a skladován ve vzduchotěsné nádobě v lednici po dobu až 3 dnů nebo v mrazáku po dobu až 2 měsíců.

Ragu alla bologna

boloňské ragu

Připraví přibližně 5 šálků

V Tamburini, nejlepší boloňské prodejně gurmánských jídel a jídel s sebou, si můžete koupit mnoho druhů čerstvých vaječných těstovin. Nejznámější jsou tortellini, kroužky těstovin o velikosti niklu plněné mortadellou, jemně kořeněnou vepřovou klobásou. Tortellini se podávají v brodu, „caldo", alla panna, v husté smetanové omáčce nebo nejlépe al ragú s bohatou masovou omáčkou. Pomalé a dlouhodobé vaření soffritta (aromatická zelenina a pancetta) dává ragú na boloňský způsob hluboké a bohaté chuti.

2 domácí hrnkyMasový vývarnebo hovězí vývar z obchodu

2 lžíce nesoleného másla

2 lžíce olivového oleje

2 unce jemně nakrájené slaniny

2 malé mrkve, oloupané a nakrájené nadrobno

1 najemno nakrájená cibule

1 baby celerové žebro, nakrájené nadrobno

8 uncí mletého hovězího masa

8 uncí mletého vepřového masa

8 uncí mletého hovězího masa

1/2 šálku suchého červeného vína

3 lžíce rajčatového protlaku

¼ lžičky strouhaného muškátového oříšku

Sůl a čerstvě mletý černý pepř

1 šálek mléka

1. V případě potřeby připravte vývar. Ve velkém hrnci rozpusťte máslo s olejem na středně mírném ohni. Přidejte slaninu, mrkev, cibuli a celer. Směs vařte na mírném ohni za občasného míchání, dokud nejsou všechny příchutě velmi jemné a tmavě zlaté barvy, asi 30 minut. Pokud suroviny začnou příliš hnědnout, přidejte trochu teplé vody.

2. Přidejte maso a dobře promíchejte. Vařte za častého míchání, aby se rozlomily hrudky, dokud maso již není růžové, ale nezhnědne, asi 15 minut.

3. Přidejte víno a vařte, dokud se tekutina neodpaří, asi 2 minuty. Přidejte rajčatový protlak, vývar, muškátový oříšek a podle chuti dosolte a opepřete. Směs přiveďte k varu. Vařte na mírném ohni za občasného míchání, dokud omáčka nezhoustne, asi 2 1/2 až 3 hodiny. Pokud je omáčka příliš hustá, přidejte ještě trochu vývaru nebo vody.

4. Přidejte mléko a vařte dalších 15 minut. Podávejte horké. Může být vyroben předem a skladován ve vzduchotěsné nádobě v lednici po dobu až 3 dnů nebo v mrazáku po dobu až 2 měsíců.

kachní ragú

Ragu di Anatra

Připraví přibližně 5 šálků

V lagunách a bažinách Benátska se daří divokým kachnám a místní kuchaři s nimi připravují báječná jídla. Praží se, dusí nebo připravují takto, v ragú. Bohatá, gamy omáčka se jí s bigoli, hustými celozrnnými špagetami připravenými s torchiem, ručně zalomeným lisem na těstoviny. Čerstvé domácí kachny, i když nejsou tak chutné jako divoká odrůda, jsou dobrou náhradou. Omáčku s fettuccine a kousky kachny podávám jako druhý chod.

Požádejte řezníka, aby kachnu rozčtvrtil, nebo to udělejte sami nůžkami na drůbež nebo velkým kuchařským nožem. Pokud ji raději nepoužíváte, stačí vynechat játra.

1 káčátko (asi 5 1/2 libry)

2 lžíce olivového oleje

Sůl a čerstvě mletý černý pepř podle chuti.

2 unce nakrájené slaniny

2 střední cibule, nakrájené

2 střední mrkve, nakrájené

2 celerová žebra, nakrájená

6 čerstvých lístků šalvěje

Špetka čerstvě nastrouhaného muškátového oříšku

1 šálek suchého bílého vína

2 1/2 šálků oloupaných čerstvých rajčat zbavených semínek a nakrájených na kostičky

1. Opláchněte kachnu zevnitř i zvenčí a z dutiny odstraňte veškerý uvolněný tuk. Nůžkami na drůbež kachnu nakrájíme na 8 kusů. Nejprve kachnu naříznete podél páteře. Otevřete kachnu jako knihu. Silným nožem rozřízněte kachnu podélně na polovinu mezi dvěma stranami prsou. Odřízněte stehno od hrudníku. Oddělte nohu a stehno v kloubu. Oddělte křídlo a prsa ve spoji. Pokud používáte játra, nakrájejte je na kostičky a dejte stranou.

2. Ve velkém těžkém hrnci rozehřejte olej na středním plameni. Kousky kachny osušte papírovými utěrkami. Přidejte kousky kachny a za občasného míchání opékejte ze všech stran doněda. Posypte solí a pepřem. Umístěte kachnu do misky. Odřízněte vše kromě 2 polévkových lžic tuku.

3. Do pánve přidejte pancettu, cibuli, mrkev, celer a šalvěj. Vařte 10 minut za občasného míchání, dokud zelenina nezměkne a nezezlátne. Přidejte víno a vařte 1 minutu.

4. Vraťte kachnu do hrnce a přidejte rajčata a vodu. Tekutinu přiveďte k varu. Hrnec částečně zakryjte a za občasného míchání vařte 2 hodiny, nebo dokud kachna po propíchnutí vidličkou nezměkne. Pokud používáte, přidejte kachní játra. Odstraňte pánev z tepla. Necháme mírně vychladnout a poté sejmeme tuk z povrchu. Vyjměte kousky masa z omáčky děrovanou lžící a přendejte na talíř. Přikryjte, aby zůstaly teplé.

5. Omáčku podávejte s vařeným fettuccine a jako druhý chod kachní maso. Celé jídlo lze vařit až 2 dny předem, skladovat ve vzduchotěsné nádobě a chladit.

Humří salát

Salata di Aragosta

Vyrobí 4 až 6 porcí

Sardinie je známá svými mořskými plody, zejména humry, známými jako astice, a sladkými krevetami. Můj manžel a já jsme jedli tento čerstvý salát v malé přímořské trattorii v Algheru, zatímco jsme sledovali rybáře, jak opravují své sítě do práce na další den. Jeden seděl na lavici obžalovaných bosý. Prsty u nohou uchopila jeden konec síťoviny a držela ji napnutou, aby měla obě ruce volné na šití.

Tento salát může být plným jídlem nebo prvním chodem. Ideálním doprovodem je láhev studené sardinské vernaccie.

Některé rybí trhy za vás humry napaří, což vám ušetří krok.

4 humři (asi 1 1/4 libry každý)

1 střední červená cibule, rozpůlená a nakrájená na tenké plátky

6 lístků bazalky

4 baby celerová žebra, nakrájená na tenké plátky

Asi 1/2 hrnku extra panenského olivového oleje

2 až 3 lžíce čerstvé citronové šťávy

Sůl a čerstvě mletý černý pepř

Listy salátu

8 tenkých plátků křupavého italského chleba

1 stroužek česneku

3 velká zralá rajčata, nakrájená na měsíčky

1. Umístěte stojan nebo napařovací koš na dno hrnce, který je dostatečně velký, aby pojal všechny čtyři humry. (Měl by fungovat 8- nebo 10litrový hrnec.) Přidávejte vodu, dokud nedosáhne těsně pod mřížku. Přiveďte vodu k varu. Přidejte humry a hrnec přikryjte. Když se voda vrátí k varu a z hrnce začne vycházet pára, vařte humry 10 minut nebo déle, v závislosti na jejich velikosti. Humry přendejte na talíř a nechte vychladnout.

2. Vložte cibuli do malé misky a zalijte ledovou vodou. Nechte stát 15 minut. Vyměňte vodu a nechte stát dalších 15 minut. Sceďte a osušte.

3. Mezitím odstraňte humří maso ze skořápek. Zlomit humří ocasy. Pomocí nůžek na drůbež odstraňte tenkou skořápku pokrývající ocasní maso. Udeřte do drápů tupou stranou nože, abyste je zlomili. Otevřete drápy. Vyjměte maso prsty. Maso nakrájejte na tenké plátky a dejte do velké mísy.

4. Naskládejte lístky bazalky a nakrájejte je příčně na tenké proužky. Přidejte bazalku, celer a cibuli do mísy s humrem. Pokapejte 1/4 hrnku oleje a citronovou šťávou a podle chuti dochuťte solí a pepřem. Dobře promíchejte. Humří směs naaranžujte na čtyři talíře vyložené listy salátu.

5. Chleba opečeme a potřeme nasekaným stroužkem česneku. Tousty pokapeme zbylým olejem a posypeme solí. Talíř ozdobte toastem a plátky rajčat. Ihned podávejte.

Salát z toskánského tuňáka a fazolí

Insalata di Tonno alla Toscana

Vyrobí 6 porcí

Toskánští kuchaři jsou proslulí svou schopností uvařit fazole k dokonalosti. Jemné, krémové a plné chuti, fazole povýší obyčejné jídlo na něco zvláštního, jako je tento klasický salát. Pokud ho najdete, kupte si ventresca di tonno, bůček tuňáka, konzervovaný v dobrém olivovém oleji. Bůček je považován za nejjemnější část tuňáka. Je dražší, ale plná chuti, s masovou texturou.

3 lžíce extra panenského olivového oleje

1 až 2 lžíce čerstvé citronové šťávy

Sůl a čerstvě mletý černý pepř

3 šálky vařených nebo konzervovaných fazolí cannellini, okapaných

2 baby celerová žebra, nakrájená na tenké plátky

1 malá červená cibule, nakrájená na velmi tenké plátky

2 (7 uncí) plechovky italského tuňáka balené v olivovém oleji

2 až 3 belgické endivie, oříznuté a rozdělené na oštěpy

1. Ve středně velké misce prošlehejte olej, citronovou šťávu, sůl podle chuti a štědrou porci pepře.

2. Přidejte fazole, celer, cibuli a tuňáka. Dobře promíchejte.

3. Naskládejte stonky endivie do misky. Navrch se salátem. Ihned podávejte.

Tuňákový salát s kuskusem

Insalata di Tonno a Cuscusu

Vyrobí 4 porce

Kuskus se jí v různých italských regionech, včetně částí Sicílie a Toskánska. Každoročně se v sicilském městě San Vito lo Capo koná kuskusový festival, který přitahuje statisíce návštěvníků z celého světa. Tradičně se kuskus vaří s různými mořskými plody, masem nebo zeleninou a podává se horký. Tento rychlý salát s tuňákem a kuskusem je moderní a uspokojující pokrm.

1 šálek rychle uvařeného kuskusu

Sůl

2 lžíce nasekané čerstvé bazalky

3 lžíce olivového oleje

2 lžíce citronové šťávy

čerstvě mletý černý pepř

1 (7 uncí) plechovka italského tuňáka baleného v olivovém oleji

2 baby celerová žebra, nakrájená

1 nakrájené rajče

1 malá okurka, oloupaná, zbavená semínek a nakrájená

1. Kuskus uvaříme se solí podle chuti, podle návodu na obalu.

2. V malé misce prošlehejte bazalku, olej, citronovou šťávu a sůl a pepř podle chuti. Přidejte teplý kuskus. Dobře promíchejte. Ochutnejte a upravte koření. Tuňáka sceďte a vložte do mísy s celerem, rajčaty a okurkou.

3. Dobře promíchejte. Ochutnejte a upravte koření. Podáváme při pokojové teplotě nebo krátce vychladíme v lednici.

Tuňákový salát s fazolemi a rukolou

Insalata di Tonno, Fagioli a Rucola

Připraví 2 až 4 porce

Myslím, že bych mohl napsat celou knihu o svých oblíbených salátech s tuňákem. Ten si dělám často na rychlý oběd nebo večeři.

1 velký svazek rukoly nebo řeřichy

2 šálky vařených nebo konzervovaných cannellini nebo brusinkových fazolí, okapané

1 (7 uncí) plechovka italského tuňáka baleného v olivovém oleji

1/4 šálku nakrájené červené cibule

2 lžíce kapar, opláchnuté a okapané

1 lžíce čerstvé citronové šťávy

Sůl a čerstvě mletý černý pepř

Plátky citronu na ozdobu

1. Odřízněte tuhé stonky rukoly nebo řeřichy a vyhoďte všechny zažloutlé nebo pohmožděné listy. Rukolu omyjte v několika výměnách studené vody. Sušte velmi dobře. Zeleninu nakrájejte na kousky velikosti sousta.

2. Ve velké salátové míse smíchejte fazole, tuňáka a jeho olej, červenou cibuli, kapary a citronovou šťávu. Dobře promíchejte.

3. Přidejte zeleninu a podávejte ozdobené měsíčky citronu.

Tuňákový salát v pátek večer

Salata di Venerdi Sera

Vyrobí 4 porce

Bývaly doby, kdy pátky byly v katolických domovech dny bez masa. Večeře u nás doma se obvykle skládala z těstovin, fazolí a tohoto jednoduchého salátu.

1 (7 uncí) plechovka italského tuňáka baleného v olivovém oleji

2 celerová žebra s listy, oříznutá a nakrájená na plátky

2 střední rajčata, nakrájená na malé kousky

2 vejce natvrdo, oloupaná a nakrájená na čtvrtky

3 až 4 plátky červené cibule, nakrájené na tenké plátky a nakrájené na čtvrtky

špetka sušeného oregana

2 lžíce extra panenského olivového oleje

1/2 střední hlávky římského salátu, opláchněte a osušte

Plátky citronu

1. Umístěte tuňáka s olejem do velké mísy. Tuňáka nalámejte vidličkou na kousky.

2. K tuňákovi přidejte celer, rajčata, vejce a cibuli. Posypeme oreganem a olivovým olejem a lehce promícháme.

3. Vložte listy salátu do misky. Navrch dejte salát s tuňákem. Ozdobte měsíčky citronu a ihned podávejte.

Dresink z gorgonzoly a lískových oříšků

Gorgonzola a omáčka Nocciole

Dělá asi 2/3 šálku

Měl jsem tento dresink v Piemontu, kde se podával na listech endivie, ale je dobrý na libovolné množství žvýkací zeleniny, jako je frisée, endivie nebo špenát.

4 lžíce extra panenského olivového oleje

1 lžíce červeného vinného octa

Sůl a čerstvě mletý černý pepř

2 lžíce rozdrobené gorgonzoly

¼ hrnku nasekaných opečených lískových ořechů (viz<u>Jak pražit a loupat ořechy</u>)

V malé misce prošlehejte olej, ocet, sůl a pepř podle chuti. Přidejte gorgonzolu a lískové ořechy. Ihned podávejte.

Citronový krémový dresink

Salsa di Limone alla Panna

Dělá asi 1/3 šálku

Trocha smetany zjemní citronový dresink. Líbí se mi to na listech baby salátu.

3 lžíce extra panenského olivového oleje

1 lžíce čerstvé citronové šťávy

1 lžíce husté smetany

Sůl a čerstvě mletý černý pepř

    V malé misce smíchejte všechny ingredience. Ihned podávejte.

Pomerančový a medový dresink

Citronette al'Arancia

Dělá asi 1/3 šálku

Díky sladkosti tohoto dresingu se perfektně hodí ke smíšené zelenině, jako je mezclum. Nebo to zkuste s kombinací řeřichy, červené cibule a černých oliv.

3 lžíce extra panenského olivového oleje

1 lžička medu

2 polévkové lžíce přírodní pomerančové šťávy

Sůl a čerstvě mletý černý pepř

V malé misce smíchejte všechny ingredience. Ihned podávejte.

Masový vývar

brodo di maso

Dělá asi 4 litry

Zde je základní vývar vyrobený z různých druhů masa k použití do polévek, rizot a dušených pokrmů. Dobrý vývar by měl být plný chuti, ale ne tak agresivní, aby přebíral chuť pokrmu. Lze použít hovězí, telecí a drůbeží maso, ale vyhněte se vepřovému nebo jehněčímu. Jeho chuť je silná a dokáže přehlušit vývar. Poměry masa pro tento vývar obměňujte podle libosti nebo podle toho, jaké ingredience máte po ruce.

2 libry masitých hovězích kostí

2 libry hovězí plece s kostí

2 libry kuřecí nebo krůtí části

2 mrkve, oříznuté a nakrájené na 3 nebo 4 kusy

2 celerová žebra s listy, nakrájená na 3 nebo 4 kusy

2 střední cibule, oloupané, ale ponechané celé

1 velké rajče nebo 1 šálek nakrájených konzervovaných rajčat

1 stroužek česneku

3 až 4 snítky čerstvé plocholisté petrželky se stonky

1. Ve velkém hrnci smíchejte maso, kosti a kuřecí části. Přidejte 6 litrů studené vody a přiveďte k varu na středním plameni.

2. Nastavte teplotu tak, aby se voda jen vařila. Odeberte pěnu a tuk, který vystoupí na povrch vývaru.

3. Když pěna přestane stoupat, přidejte zbývající přísady. Vařte 3 hodiny, teplotu regulujte tak, aby tekutina jemně probublávala.

4. Nechte vývar krátce vychladnout a poté sceďte do plastových nádob. Vývar lze použít ihned, nebo jej nechat zcela vychladnout, poté přikrýt a uchovat v lednici až 3 dny nebo v mrazáku až 3 měsíce.

Kuřecí polévka

Brodo di Chicken

Dělá asi 4 litry

Starší kuře, známé jako pták, dává vývaru plnější a bohatší chuť než mladší pták. Pokud nemůžete najít ptáka, zkuste do vývaru přidat krůtí křídla nebo krky, ale nepoužívejte příliš mnoho krůtího masa, protože chuť kuře přebije.

Po uvaření se velká část chuti masa vyvaří, ale šetrní italští kuchaři ho používají k přípravě salátu nebo nakrájení na těstovinovou nebo zeleninovou náplň.

1 celý 4kilový pták nebo kuře

2 libry kuřecí nebo krůtí části

2 celerová žebra s listy, nakrájená na plátky

2 mrkve, nakrájené

2 střední cibule, oloupané a ponechané celé

1 velké rajče nebo 1 šálek nakrájených konzervovaných rajčat

1 stroužek česneku

3 nebo 4 snítky čerstvé petrželky

1. Vložte drůbeží a kuřecí nebo krůtí části do velkého hrnce. Přidejte 5 litrů studené vody a přiveďte k varu na středním plameni.

2. Nastavte teplotu tak, aby se voda jen vařila. Odeberte pěnu a tuk, který vystoupí na povrch vývaru.

3. Jakmile pěna přestane stoupat, přidejte zbývající přísady. Vařte 2 hodiny a regulujte teplotu tak, aby tekutina jemně probublávala.

4. Nechte vývar krátce vychladnout a poté sceďte do plastových nádob. Vývar lze použít ihned, nebo jej nechat zcela vychladnout, poté přikrýt a uchovat v lednici až 3 dny nebo v mrazáku až 3 měsíce.

Antoniettina fazolová polévka

Zuppa di Fagioli

Vyrobí 8 porcí

Když jsem navštívil rodinné vinařství Pasetti v Abruzzu, jejich kuchařka Antonietta uvařila k obědu tuto fazolovou polévku. Vychází z klasiky Ragú ve stylu Abruzzo, ale můžete použít jinou rajčatovou omáčku s masem nebo bez něj.

K vyhlazení fazolí a odstranění slupky se používá mlýnek na potraviny. Polévku lze také rozmixovat v kuchyňském robotu nebo mixéru. Antonietta podávala polévku s čerstvě nastrouhaným Parmigiano-Reggiano, i když nám řekla, že pro hosty v této oblasti je tradiční koření polévky semínky čerstvého zeleného chilli. Vedle nastrouhaného sýra podal talíř s chilli papričkami a nožem, aby si každý host mohl nakrájet a přidat svou.

2 šálky Ragú ve stylu Abruzzo nebo jiné maso nebo rajčatová omáčka

3 šálky vody

4 šálky sušených nebo konzervovaných fazolí cannellini nebo brusinek, uvařených, scezených

Sůl a čerstvě mletý černý pepř podle chuti.

4 unce špaget, nakrájené nebo nalámané na 2-palcové kousky

Čerstvě nastrouhaný Parmigiano-Reggiano

1-2 čerstvé zelené chilli papričky, jako je jalapeño (volitelné)

1. V případě potřeby připravte ragú. Poté ve velkém hrnci smíchejte ragú a vodu. Fazole dejte přes mlýnek na jídlo do hrnce. Vařte na mírném ohni za občasného míchání, dokud nebude polévka horká. Podle chuti osolíme a opepříme.

2. Přidejte těstoviny a dobře promíchejte. Vařte za častého míchání, dokud nejsou těstoviny hladké. Pokud bude polévka příliš hustá, přidejte ještě trochu vody.

3. Podávejte horké nebo teplé. Sýr a čerstvé chilli papričky, pokud používáte, dejte zvlášť.

Těstoviny a fazole

Těstoviny a fagioli

Vyrobí 8 porcí

Tato neapolská verze fazolové a těstovinové polévky (známá pod svým dialektovým názvem jako „fazool těstoviny") se obvykle podává velmi tlustá, ale přesto by se měla jíst lžící.

1/4 šálku olivového oleje

2 celerová žebra, nakrájená (asi 1 šálek)

2 stroužky česneku nakrájené nadrobno

1 šálek oloupaných čerstvých rajčat, zbavených semínek a nakrájených na kostičky nebo konzervovaných rajčat

Špetka mleté červené papriky

Sůl

3 šálky vařených, sušených nebo konzervovaných fazolí cannellini nebo Great Northern, okapaných

8 uncí ditalini nebo nalámaných špaget

1. Nalijte olej do velkého hrnce. Přidejte celer a česnek. Vařte za častého míchání na středním plameni, dokud zelenina nezměkne a nezezlátne, asi 10 minut. Přidejte rajčata, drcenou červenou papriku a sůl podle chuti. Dusíme do mírného zhoustnutí, asi 10 minut.

2. Přidejte fazole do rajčatové omáčky. Směs přiveďte k varu. Část fazolí rozdrťte zadní stranou velké lžíce.

3. Přiveďte k varu velký hrnec vody. Podle chuti dosolíme a poté přidáme těstoviny. Dobře promíchejte. Vařte na vysokém ohni za častého míchání, dokud nejsou těstoviny měkké, ale mírně nedovařené. Sceďte těstoviny a nechte si část vody na vaření.

4. Přidejte pastu do fazolové směsi. V případě potřeby přidejte trochu vody z vaření, ale směs by měla být velmi hustá. Vypněte oheň a před podáváním nechte asi 10 minut odpočívat.

Krémová fazolová polévka

Crema di Fagioli

Vyrobí 4 až 6 porcí

Verzi tohoto receptu jsem našel v italském kuchařském časopise A Tavola („U stolu"). Krémová a hladká, tato polévka je čistým pohodlným jídlem.

3 šálky vařených, sušených nebo konzervovaných fazolí cannellini nebo Great Northern, okapaných

Přibližně 2 domácí šálky Masový vývar nebo směs poloviny hovězího vývaru z obchodu a poloviny vody

1/2 šálku mléka

2 žloutky

1/2 šálku čerstvě nastrouhaného Parmigiano-Reggiano a další k podávání

Sůl a čerstvě mletý černý pepř

1. Fazole rozmixujte na pyré v kuchyňském robotu, mixéru nebo mlýnku.

2. Ve středním hrnci přiveďte vývar k varu na středním plameni. Přidejte fazolové pyré a vraťte do varu.

3. V malé misce prošlehejte mléko a žloutky. Nalijte asi šálek polévky do mísy a šlehejte do hladka. Nalijte směs do hrnce. Vařte za míchání, dokud nebude velmi horký, ale ne vařit.

4. Přidejte Parmigiano-Reggiano a podle chuti osolte a opepřete. Podávejte horké s posypem dalšího sýra.

Friulský ječmen a fazolová polévka

Zuppa di Orzo a Fagioli

Vyrobí 6 porcí

Ačkoli je ve Spojených státech známější jako forma malých těstovin, orzo je italsky název pro ječmen, jedno z prvních pěstovaných obilovin. Region, který je nyní Friuli v Itálii, byl kdysi součástí Rakouska. Přítomnost ječmene prozrazuje rakouské kořeny této polévky.

Pokud používáte předvařené nebo konzervované fazole, nahraďte 3 šálky nebo dvě 16-uncové plechovky scezených fazolí, snižte vodu na 4 šálky a vařte polévku pouze 30 minut v kroku 2. Poté postupujte podle pokynů.

2 lžíce olivového oleje

2 unce jemně nakrájené slaniny

2 celerová žebra, nakrájená

2 nakrájené mrkve

1 střední cibule nakrájená

1 stroužek česneku nasekaný nadrobno

1 šálek (asi 8 uncí) sušených cannellini nebo <u>velké severní fazole</u>

1 1/2 šálku perlového ječmene, propláchnutého a okapaného

Sůl a čerstvě mletý černý pepř

1. Nalijte olej do velkého hrnce. Přidejte slaninu. Vařte za častého míchání na středním plameni, dokud pancetta lehce nezhnědne, asi 10 minut. Přidejte celer, mrkev, cibuli a česnek. Vařte za častého míchání, dokud zelenina nezezlátne, asi 10 minut.

2. Přidejte fazole a 8 šálků vody. Přiveďte k varu. Přikryjte a vařte 1 1/2 až 2 hodiny nebo dokud fazole nezměknou.

3. Část fazolí rozdrťte zadní stranou velké lžíce. Přidejte ječmen, sůl a pepř podle chuti. Vařte 30 minut nebo dokud ječmen nezměkne. Polévku často míchejte, aby se ječmen nepřichytil ke dnu hrnce. Pokud je polévka příliš hustá, přidejte vodu. Podávejte horké nebo teplé.

Fazolová a houbová polévka

Minestra di Fagioli a Funghi

Vyrobí 8 porcí

Jeden chladný podzimní den v Toskánsku mě přiměl zatoužit po vydatné misce polévky a vedl k jednoduchému, ale nezapomenutelnému jídlu. V restauraci Il Prato v Pienze číšník oznámil, že kuchyně ten den připravila speciální fazolovou polévku. Polévka byla vynikající, se zemitou, kouřovou chutí, o které jsem později zjistil, že pochází z přídavku sušených hříbků. Po polévce jsem si objednal výborný sýr pecorino, kterým je Pienza známá.

1/2 unce sušených hříbků

1 šálek vlažné vody

2 střední mrkve, nakrájené

1 celerové žebro, nakrájené

1 střední cibule nakrájená

1 šálek oloupaných čerstvých rajčat nebo konzervovaných rajčat, zbavených semínek a nakrájených na kostičky

1/4 šálku nasekané čerstvé petrželky

6 domácích šálků <u>Masový vývar</u> buď <u>Kuřecí polévka</u> nebo směs poloviny vývaru z obchodu a poloviny vody

3 šálky vařených cannellini, sušených nebo konzervovaných, nebo velkých severních fazolí, okapaných

1/2 šálku středně zrnné rýže, jako je Arborio

Sůl a čerstvě mletý černý pepř podle chuti.

1. Namočte houby na 30 minut do vody. Vyjměte houby a rezervujte si tekutinu. Opláchněte houby pod studenou tekoucí vodou, abyste odstranili veškeré kamínky, přičemž věnujte zvláštní pozornost stonkům, kde se shromažďují nečistoty. Houby nakrájejte na velké kousky. Sceďte houbovou tekutinu přes papírový kávový filtr do misky a dejte stranou.

2. Ve velkém hrnci smíchejte houby a jejich tekutinu, mrkev, celer, cibuli, rajčata, petržel a vývar. Přiveďte k varu. Vařte, dokud zelenina nezměkne, asi 20 minut.

3. Přidejte fazole a rýži a podle chuti osolte a opepřete. Vařte, dokud rýže nezměkne, 20 minut za občasného míchání. Podávejte horké nebo teplé.

Těstoviny a fazole Milan

Těstoviny a Fagioli alla Milanese

Vyrobí 8 porcí

Pro tuto polévku se obvykle používají zbytky čerstvých odřezků těstovin, nazývaných maltagliati ("nekvalitní"), nebo můžete použít čerstvé fettuccine nakrájené na kousky velikosti sousta.

2 lžíce nesoleného másla

2 lžíce olivového oleje

6 čerstvých lístků šalvěje

1 lžíce nasekaného čerstvého rozmarýnu

4 nakrájené mrkve

4 celerová žebra, nakrájená

3 středně vroucí brambory, nakrájené

2 nakrájené cibule

4 rajčata, oloupaná, zbavená semínek a nakrájená, nebo 2 šálky nakrájených konzervovaných rajčat

1 libra (asi 2 šálky) sušených brusinek nebo fazolí cannellini (viz<u>Fazole ve venkovském stylu</u>) nebo 4 plechovky o objemu 16 uncí

Přibližně 8 domácích šálků<u>Masový vývar</u>nebo směs poloviny masového nebo zeleninového vývaru z obchodu a poloviny vody

Sůl a čerstvě mletý černý pepř

8 uncí čerstvého maltagliati nebo čerstvého fettuccine, nakrájeného na 1-palcové kousky

Extra panenský olivový olej

1. Ve velkém hrnci rozpustíme na středním plameni máslo s olejem. Přidejte šalvěj a rozmarýn. Přidejte mrkev, celer, brambory a cibuli. Vařte za častého míchání do změknutí asi 10 minut.

2. Přidejte rajčata a fazole. Přidejte vývar a podle chuti osolte a opepřete. Směs přiveďte k varu. Vařte, dokud všechny ingredience nezměknou, asi 1 hodinu.

3. Vyjměte polovinu polévky z hrnce a protáhněte mlýnkem na potraviny nebo pyré v mixéru. Pyré vlijte zpět do hrnce. Dobře promíchejte a přidejte těstoviny. Polévku přiveďte k varu a poté vypněte oheň.

4. Před podáváním necháme polévku mírně vychladnout. Podávejte horké, pokapané extra panenským olivovým olejem a štědře mletým pepřem.

Čočková a fenyklová polévka

Zuppa di Lenticchie a Finocchio

Vyrobí 8 porcí

Čočka je jednou z nejstarších luštěnin. Může být hnědá, zelená, červená nebo černá, ale v Itálii je nejjemnější čočka malinká zelená z Castelluccia v Umbrii. Čočku na rozdíl od fazolí není nutné před vařením namáčet.

Péřovité špičky fenyklu si uschovejte na ozdobu polévky.

1 libra hnědé nebo zelené čočky, natrhaná a propláchnutá

2 střední cibule, nakrájené

2 nakrájené mrkve

1 středně vroucí brambor, oloupaný a nakrájený

1 šálek nakrájeného fenyklu

1 šálek čerstvých nebo konzervovaných rajčat, nakrájených

1/4 šálku olivového oleje

Sůl a čerstvě mletý černý pepř

1 šálek tubetti, Ditalini nebo malých mušlí

Šálky čerstvého fenyklu, volitelné

Extra panenský olivový olej

1. Ve velkém hrnci smíchejte čočku, cibuli, mrkev, brambory a fenykl. Přidejte studenou vodu na pokrytí o 1 palec. Tekutinu přiveďte k varu a vařte 30 minut.

2. Přidejte rajčata a olivový olej. Podle chuti osolíme a opepříme. Vařte, dokud čočka nezměkne, ještě asi 20 minut. Podle potřeby přidejte trochu vody, aby byla čočka pokrytá tekutinou.

3. Přidejte těstoviny a vařte, dokud těstoviny nezměknou, dalších 15 minut. Ochutnejte a upravte koření. Ozdobte vrchní částí nakrájeného fenyklu, pokud je k dispozici. Podávejte horké nebo teplé s kapkou extra panenského olivového oleje.

Špenátová, čočková a rýžová polévka

Minestra di Lenticchie e Spinaci

Vyrobí 8 porcí

Přidáním menšího množství vody a vynecháním rýže se tato polévka stane přílohou ke grilované rybě nebo vepřovému filé. Místo špenátu lze použít eskarolu, kapustu, zelí, mangold nebo jinou listovou zeleninu.

1 libra čočky, natrhaná a opláchnutá

6 šálků vody

3 velké stroužky česneku, nasekané

1/4 šálku extra panenského olivového oleje

8 uncí špenátu, odstopkovaného a nakrájeného na malé kousky

Sůl a čerstvě mletý černý pepř

1 šálek vařené rýže

1. Ve velkém hrnci smíchejte čočku, vodu, česnek a olej. Přiveďte k varu a na mírném ohni vařte 40 minut. Podle potřeby přidejte trochu vody, aby byla čočka zakrytá.

2. Přidejte špenát a podle chuti osolte a opepřete. Vařte, dokud čočka nezměkne, ještě asi 10 minut.

3. Přidejte rýži a vařte, dokud se nezahřeje. Podávejte horké s kapkou extra panenského olivového oleje.

Čočková a zeleninová polévka

Minestra di Lenticchie e Verdura

Vyrobí 6 porcí

Před vařením si čočku prohlédněte, abyste odstranili malé kamínky nebo nečistoty. Pro vydatnější polévku přidejte šálek nebo dva vařených ditalini nebo nalámaných špaget.

1/4 šálku olivového oleje

1 střední cibule nakrájená

1 celerové žebro, nakrájené

1 střední mrkev, nakrájená

2 stroužky česneku nakrájené nadrobno

½ šálku nakrájených konzervovaných italských rajčat

8 uncí čočky (asi 1 šálek), shromážděné a opláchnuté

Sůl a čerstvě mletý černý pepř

1 libra endivie, špenátu nebo jiné listové zeleniny, oříznuté a nakrájené na malé kousky

½ šálku čerstvě nastrouhaného Pecorino Romano nebo Parmigiano-Reggiano

1. Nalijte olej do velkého hrnce. Přidejte cibuli, celer, mrkev a česnek a vařte na středním plameni 10 minut nebo dokud zelenina nezměkne a nezezlátne. Přidejte rajčata a vařte dalších 5 minut.

2. Přidejte čočku, sůl a pepř a 4 šálky vody. Polévku přiveďte k varu a vařte 45 minut nebo dokud čočka nezměkne.

3. Přidejte zeleninu. Zakryjte a vařte 10 minut, nebo dokud zelenina nezměkne. Kořením rád.

4. Těsně před podáváním přidejte sýr. Podávejte horké.

Čočková polévka z pyré s krutony

Purea di Lenticchie

Vyrobí 6 až 8 porcí

Toto hladké umbrijské čočkové pyré pokrývají křupavé plátky chleba. Pro větší chuť potřete krutony ještě horké stroužkem syrového česneku.

1 libra čočky, natrhaná a opláchnutá

1 celerové žebro, nakrájené

1 nakrájená mrkev

1 velká cibule nakrájená

1 velký vroucí brambor, nakrájený

2 lžíce rajčatového protlaku

Sůl a čerstvě mletý černý pepř

2 polévkové lžíce extra panenského olivového oleje a další pro podávání

8 plátků italského nebo francouzského chleba

1. Vložte čočku, zeleninu a rajčatový protlak do velkého hrnce. Přidejte studenou vodu, aby pokryla 2 palce. Přiveďte k varu. Vařte 20 minut. Přidejte sůl podle chuti a podle potřeby více vody, aby přísady zůstaly zakryté. Vařte dalších 20 minut nebo dokud čočka nezměkne.

2. Vypusťte obsah hrnce, tekutinu si ponechte. Čočku a zeleninu dejte do procesoru nebo mixéru a rozmixujte, v případě potřeby po dávkách, do hladka. Čočku nasypte zpět do hrnce. Dochutíme solí a pepřem. Opatrně zahřejte, v případě potřeby přidejte trochu tekutiny na vaření.

3. Ve velké pánvi rozehřejte na středním plameni 2 lžíce olivového oleje. Přidejte chléb v jedné vrstvě. Vařte, dokud nebude opečené a zespodu zlaté, 3 až 4 minuty. Kousky chleba otočte a opékejte další 3 minuty.

4. Polévku stáhněte z ohně. Nalijte do misek. Každou misku položte na plátek toastového chleba. Podávejte horké, pokapané olivovým olejem.

Cizrnová polévka z Puglia

Minestra di Ceci

Vyrobí 6 porcí

V Puglii se tato hustá polévka připravuje z krátkých proužků čerstvých těstovin známých jako lagane. Čerstvé fettuccine nakrájené na 3-palcové proužky lze nahradit, stejně jako malé sušené těstoviny nebo rozbité špagety. Namísto vývaru se k dochucení této polévky používají sardele s vodou jako tekutinou na vaření. Ančovičky se rozplynou v polévce a dodají hodně charakteru, aniž by to bylo zřejmé.

⅓ šálku olivového oleje

3 stroužky česneku, lehce rozdrcené

2 2-palcové snítky čerstvého rozmarýnu

4 nakrájené filety sardele

3½ šálků vařené cizrny nebo 2 plechovky o objemu 16 uncí, scezená a rezervovaná tekutina

4 unce čerstvého fettuccine, nakrájeného na 3-palcové kousky

čerstvě mletý černý pepř

1. Nalijte olej do velkého hrnce. Přidejte česnek a rozmarýn a vařte na středním plameni, přičemž stroužky česneku tiskněte zadní stranou velké lžíce, dokud česnek nezezlátne, asi 2 minuty. Odstraňte a vyhoďte česnek a rozmarýn. Přidejte filety sardele a vařte za míchání, dokud se sardel nerozpustí, asi 3 minuty.

2. Do hrnce přidejte cizrnu a dobře promíchejte. Polovinu cizrny rozmačkejte zadní částí lžíce nebo šťouchadlem na brambory. Přidejte tolik vody nebo tekutiny na vaření cizrny, aby byla cizrna pokryta. Tekutinu přiveďte k varu.

3. Přidejte pastu. Okořeníme podle chuti štědře mletým černým pepřem. Vařte, dokud nejsou těstoviny měkké, ale pevné na skus. Odstraňte z ohně a nechte 5 minut odpočívat. Podávejte horké s kapkou extra panenského olivového oleje.

Polévka z cizrny a těstovin

Minestra di Ceci

Vyrobí 6 až 8 porcí

V regionu Marche ve střední Itálii se tato polévka někdy připravuje z quadrucci, malých čtverečků čerstvých vaječných těstovin. Chcete-li připravit quadrucci, nakrájejte čerstvé fettuccine na krátké kousky, abyste vytvořili malé čtverečky. Nechte každého pokapat polévku trochou extra panenského olivového oleje.

Cizrna je podle mě ze všech luštěnin nejobtížnější na vaření. Někdy trvá mnohem déle, než se stanou něžnými, než jsem čekal. Je dobré si tuto polévku připravit předem až do kroku 2 a poté ji znovu ohřát a dokončit, až bude připravena k podávání, aby měla cizrna dostatek času změknout.

1 libra sušené cizrny, namočené přes noc (viz <u>Fazole ve venkovském stylu</u>)

[1]1/4 šálku olivového oleje

1 střední cibule nakrájená

2 celerová žebra, nakrájená

2 šálky konzervovaných rajčat, nakrájených

Sůl

8 uncí ditalini nebo loktů nebo malých mušlí

čerstvě mletý černý pepř

Extra panenský olivový olej

1. Nalijte olej do velkého hrnce. Přidejte cibuli a celer a vařte za častého míchání na středním plameni 10 minut nebo dokud zelenina nezměkne a nezezlátne. Přidejte rajčata a přiveďte k varu. Vařte ještě 10 minut.

2. Cizrnu sceďte a přidejte do hrnce. Přidejte 1 lžičku soli a studenou vodu, aby pokryla 1 palec. Přiveďte k varu. Vařte 1 1/2 až 2 hodiny nebo dokud cizrna nezměkne. V případě potřeby přidejte vodu, aby byla cizrna zakrytá.

3. Asi 20 minut před uvařením cizrny přiveďte k varu velký hrnec s vodou. Přidejte sůl a poté těstoviny. Vařte, dokud těstoviny nezměknou. Scedíme a přidáme do polévky. Dochutíme solí a pepřem. Podávejte horké s kapkou extra panenského olivového oleje.

Ligurská polévka z cizrny a hříbků

Těstoviny a Ceci s Porcini

Vyrobí 4 porce

Toto je moje verze polévky, která se vyrábí v Ligurii. Někteří kuchaři to dělají bez mangoldu, jiní do ingrediencí zařazují kardy.

1/2 unce sušených hříbků

1 šálek vlažné vody

1/4 šálku olivového oleje

2 unce nakrájené slaniny

1 střední cibule, jemně nakrájená

1 střední mrkev, jemně nakrájená

1 střední celerové žebro, nakrájené nadrobno

1 stroužek česneku nasekaný nadrobno

3 šálky uvařené, sušené nebo scezené konzervované cizrny

8 uncí švýcarského mangoldu, nakrájeného příčně na úzké proužky

1 středně vroucí brambor, oloupaný a nakrájený

1 šálek čerstvých nebo konzervovaných rajčat oloupaných, zbavených semínek a nakrájených na kostičky

Sůl a čerstvě mletý černý pepř

1 šálek Ditalini, tubetti nebo jiných malých těstovin

1. Namočte houby na 30 minut do vody. Vyjměte je a rezervujte tekutinu. Houby opláchněte pod tekoucí studenou vodou, abyste odstranili písek. Nakrájejte je na velké kusy. Tekutinu přecedíme přes papírový kávový filtr do nádoby.

2. Nalijte olej do velkého hrnce. Přidejte slaninu, cibuli, mrkev, celer a česnek. Vařte za častého míchání na středním plameni, dokud cibule a další aromatické látky nezezlátnou, asi 10 minut.

3. Přidejte cizrnu, mangold, brambory, rajčata a houby s jejich tekutinou. Přidejte vodu, aby byly přísady pokryty, a podle chuti osolte a opepřete. Přiveďte k varu a vařte, dokud zelenina nezměkne a polévka zhoustne, asi 1 hodinu. Pokud je polévka příliš hustá, přidejte vodu.

4. Přidejte těstoviny a další 2 šálky vody. Vařte za častého míchání asi 15 minut nebo dokud těstoviny nezměknou. Před podáváním nechte mírně vychladnout.

Toskánský chléb a zeleninová polévka

ribollit

Vyrobí 8 porcí

Jednoho léta v Toskánsku mi tuto polévku podávali, kamkoli jsem šel, někdy i dvakrát denně. Nikdy mě to neomrzelo, protože každý kuchař používal vlastní kombinaci surovin a vždy to bylo dobré. Ve skutečnosti jsou to dva recepty v jednom. První je míchaná zeleninová polévka. Druhý den se zbytky znovu ohřejí a smíchají se s den starým chlebem. Ohřev dává polévce její italský název, což znamená vařená. Obvykle se to dělá ráno a polévka se nechá uležet až do oběda. Ribollita se obvykle podává teplá nebo při pokojové teplotě, nikdy v páře.

Ujistěte se, že používáte kvalitní žvýkací italský nebo rustikální chléb, abyste získali správnou strukturu.

4 domácí hrnky Kuřecí polévka buď Masový vývar nebo směs poloviny vývaru z obchodu a poloviny vody

[1] 1/4 šálku olivového oleje

2 baby celerová žebra, nakrájená

2 střední mrkve, nakrájené

2 stroužky česneku nakrájené nadrobno

1 malá červená cibule, nakrájená

1 1/4 šálku nasekané čerstvé petrželky

1 lžíce nasekané čerstvé šalvěje

1 lžíce nasekaného čerstvého rozmarýnu

1 1/2 libry čerstvých loupaných, semenných a nakrájených rajčat nebo 1 1/2 šálků konzervovaných italských loupaných rajčat se šťávou, nakrájených na kostičky

3 šálky vařených, sušených nebo konzervovaných fazolí cannellini, okapaných

2 středně vařené brambory, oloupané a nakrájené na kostičky

2 střední cukety, nakrájené

1 libra zelí nebo kapusty, nakrájené na tenké plátky (asi 4 šálky)

8 uncí zelených fazolí, oříznutých a nakrájených na malé kousky

Sůl a čerstvě mletý pepř podle chuti.

Asi 8 uncí den starého italského chleba, nakrájeného na tenké plátky

Extra panenský olivový olej

Velmi tenké plátky červené cibule (volitelné)

1. V případě potřeby připravte vývar. Dále nalijte olivový olej do velkého hrnce. Přidejte celer, mrkev, česnek, cibuli a bylinky. Vařte za častého míchání na středním plameni, dokud celer a další aromatické látky nezměknou a nezezlátnou, asi 20 minut. Přidejte rajčata a vařte 10 minut.

2. Přidejte fazole, zbývající zeleninu a podle chuti osolte a opepřete. Přidejte vývar a vodu, abyste zakryli. Přiveďte k varu. Vařte na velmi mírném ohni, dokud zelenina nezměkne, asi 2 hodiny. Nechte mírně vychladnout, a pokud hned nepoužíváte, uchovávejte v lednici přes noc nebo až 2 dny.

3. Až budete připraveni k podávání, nalijte asi 4 šálky polévky do mixéru nebo kuchyňského robotu. Polévku rozmixujte a přendejte do hrnce spolu se zbývající polévkou. Jemně prohřejte.

4. Vyberte mísu nebo hrnec dostatečně velký, aby pojal chléb a polévku. Na dno položte vrstvu plátků chleba. Nalijte tolik polévky, aby byl chléb zcela pokryt. Vrstvy opakujte, dokud nespotřebujete veškerou polévku a chléb není mokrý. Nechte stát alespoň 20 minut. Musí to být hodně husté.

5. Polévku zamícháme, aby se chléb nalámal. Pokapejte extra panenským olivovým olejem a posypte červenou cibulí. Podávejte teplé nebo při pokojové teplotě.

Zimní squashová polévka

zuppa di zucca

Vyrobí 4 porce

Na fruttivendolo, trhu s ovocem a zeleninou, si italští kuchaři mohou koupit kousky velkých dýní a jiných zimních dýní, aby uvařili tuto lahodnou polévku. Obecně používám máslovou nebo žaludovou dýni. Nečekanou pikantnost dodává drcená červená paprika zvaná Peperoncino.

4 domácí hrnky<u>Kuřecí polévka</u>nebo směs poloviny vývaru z obchodu a poloviny vody

2 kila zimní dýně, jako je ořešák nebo žalud

1/2 šálku olivového oleje

2 stroužky česneku nakrájené nadrobno

Špetka mleté červené papriky

Sůl

1/4 šálku nasekané čerstvé petrželky

1. V případě potřeby připravte vývar. Poté dýni oloupejte a odstraňte semínka. Nakrájejte na 1-palcové kousky.

2. Nalijte olej do velkého hrnce. Přidejte česnek a drcenou červenou papriku. Vařte za častého míchání na středním plameni, dokud česnek lehce nezhnědne, asi 2 minuty. Přidejte dýni a podle chuti osolte.

3. Přidejte vývar a přiveďte k varu. Přikryjte a vařte 35 minut, nebo dokud nebude squash velmi měkký.

4. Pomocí děrované lžíce přendejte dýni do kuchyňského robotu nebo mixéru a rozmixujte dohladka. Pyré vraťte do hrnce s vývarem. Polévku přiveďte k varu a vařte 5 minut. Pokud je polévka příliš hustá, přidejte trochu vody.

5. Podle chuti dosolíme. Přidejte petržel. Podávejte horké.

Polévka "vařená voda"

Aquacotta

Vyrobí 6 porcí

K přípravě této chutné toskánské polévky je potřeba jen pár zeleniny, vajec a odřezků chleba, a proto jí Italové vtipně říkají „vařená voda". Použijte jakékoli dostupné houby.

1/4 šálku olivového oleje

2 celerová žebra, nakrájená na tenké plátky

2 nasekané stroužky česneku

1 libra různých hub, jako jsou knoflíkové, shiitake a cremini houby, oříznuté a nakrájené

1 libra čerstvých švestkových rajčat, oloupaných, zbavených semínek a nakrájených, nebo 2 šálky konzervovaných rajčat

Špetka mleté červené papriky

6 vajec

6 plátků opečeného italského nebo francouzského chleba

4 až 6 lžic čerstvě nastrouhaného sýra pecorino

1. Nalijte olej do střední pánve. Přidejte celer a česnek. Vařte za častého míchání na středním plameni do změknutí, asi 5 minut.

2. Přidejte houby a za občasného míchání vařte, dokud se houbová šťáva neodpaří. Přidejte rajčata a drcenou červenou papriku a vařte 20 minut.

3. Přidejte 4 šálky vody a sůl podle chuti. Přiveďte k varu. Vařte ještě 20 minut.

4. Těsně před podáváním rozklepněte jedno z vajec do šálku. Do horké polévky opatrně zasuňte vajíčko. Opakujte se zbývajícími vejci. Přikryjte a vařte na velmi mírném ohni 3 minuty nebo dokud se vejce neuvaří podle chuti.

5. Do každé servírovací misky vložte jeden plátek toastového chleba. Navrch opatrně nalijeme vajíčko a zalijeme horkou polévkou. Posypeme sýrem a ihned podáváme.

Polévka s cuketovým pestem

Zuppa di Cuketa al Pesto

Vyrobí 4 až 6 porcí

Vůně pesta po smíchání s horkou polévkou je neodolatelná.

2 domácí hrnky<u>Kuřecí polévka</u>nebo směs poloviny vývaru z obchodu a poloviny vody

3 lžíce olivového oleje

2 střední cibule, nakrájené

4 malé cukety (asi 1 1⁄4 libry), omyté a nakrájené

3 středně vařené brambory, oloupané a nakrájené

Sůl a čerstvě mletý černý pepř podle chuti.

1 šálek nalámaných špaget

pesto

2 až 3 velké stroužky česneku

1/2 šálku čerstvé bazalky

1/4 šálku čerstvé italské ploché petrželky

1/2 šálku strouhaného parmezánu-Reggiano plus další na posypání

2 až 3 lžíce extra panenského olivového oleje

Sůl a čerstvě mletý černý pepř

1. V případě potřeby připravte vývar. Poté nalijte olej do středně velké pánve. Přidejte cibuli. Vařte za častého míchání na středním plameni, dokud cibule nezměkne a nezezlátne, asi 10 minut. Přidejte cuketu a brambory a za občasného míchání vařte 10 minut. Přidejte kuřecí vývar a 4 šálky vody. Tekutinu přiveďte k varu a vařte 30 minut. Podle chuti osolíme a opepříme.

2. Přidejte pastu. Vařte ještě 15 minut.

3. Připravte pesto: V kuchyňském robotu nasekejte česnek, bazalku a petržel velmi jemně. Přidejte sýr a postupně pokapávejte olivovým olejem, dokud nezískáte hustou pastu. Dochutíme solí a pepřem.

4. Přeneste pesto do střední mísy; Metličkou zašleháme do pesta asi 1 šálek horké polévky. Směs v hrnci promíchejte se zbylou polévkou. Nechte 5 minut stát. Ochutnejte a upravte koření. Podávejte s dalším sýrem.

Pórková, rajčatová a chlebová polévka

Pappa al Pomodoro

Vyrobí 4 porce

Toskánci jedí hodně polévky a hodně si ji připravují s chlebem místo těstovin nebo rýže. To je oblíbené na začátku podzimu, kdy je kolem spousta zralých rajčat a čerstvého pórku. Je dobrý i v zimě, dělá se z konzervovaných rajčat.

6 domácích šálků Kuřecí polévka nebo směs poloviny vývaru z obchodu a poloviny vody

3 lžíce olivového oleje, plus další na pokapání

2 střední pórky

3 velké stroužky česneku

Špetka mleté červené papriky

2 šálky oloupaných čerstvých rajčat, zbavených semínek a nakrájených na kostičky, nebo rajčat z konzervy

Sůl

½ bochníku den starého italského celozrnného chleba, nakrájeného na 1-palcové kostky (asi 4 šálky)

1/2 šálku nasekané čerstvé bazalky

Extra panenský olivový olej

1. V případě potřeby připravte vývar. Dále odřízněte kořeny a tmavě zelenou část pórku. Pórek podélně rozpůlíme a dobře propláchneme pod tekoucí studenou vodou. Dobře nasekejte.

2. Nalijte olej do velkého hrnce. Přidejte pórek a vařte za častého míchání na středně mírném ohni do změknutí, asi 5 minut. Přidejte česnek a drcenou červenou papriku.

3. Přidejte rajčata a vývar a přiveďte k varu. Vařte 15 minut za občasného míchání. Podle chuti dosolíme.

4. Do polévky přidejte chléb a za občasného míchání vařte 20 minut. Polévka by měla být hustá. V případě potřeby přidejte více chleba.

5. Sundejte z ohně. Přidejte bazalku a nechte 10 minut odpočívat. Podávejte horké s kapkou extra panenského olivového oleje.

Polévka z cukety a rajčat

Zuppa di Cuketa a Pomodori

Vyrobí 6 porcí

Malé cukety sice chutnají lépe, ale i větší zelenina je v této polévce dobrá, protože její vodnatelnost a nedostatek chuti se neprojeví u všech ostatních chuťových přísad.

5 domácích šálků<u>Kuřecí polévka</u>nebo směs poloviny vývaru z obchodu a poloviny vody

3 lžíce olivového oleje

1 střední cibule, jemně nakrájená

1 nasekaný stroužek česneku

1 lžička nasekaného čerstvého rozmarýnu

1 lžička nasekané čerstvé šalvěje

1 1/2 šálků oloupaných rajčat zbavených semínek a nakrájených na kostičky

1 1/2 libry cukety, nakrájené

Sůl a čerstvě mletý černý pepř

3 šálky den starých kostek italského nebo francouzského chleba

Čerstvě nastrouhaný Parmigiano-Reggiano

1. V případě potřeby připravte vývar. Poté nalijte olej do velkého hrnce. Přidejte cibuli, česnek, rozmarýn a šalvěj. Vařte na středním plameni za častého míchání, dokud cibule nezezlátne, asi 10 minut.

2. Přidejte rajčata a dobře promíchejte. Přidejte vývar a přiveďte k varu. Přidejte cuketu a vařte 30 minut nebo do měkka. Dochutíme solí a pepřem.

3. Přidejte kostky chleba. Vařte, dokud chléb nezměkne, asi 10 minut. Před podáváním nechte ještě 10 minut odstát. Podávejte s nastrouhaným parmezánem-Reggiano.

Polévka z cukety a brambor

Minestra di Cuketa a patate

Vyrobí 4 porce

Tato polévka je typická pro to, co lze podávat v létě v domácnostech v jižní Itálii. Klidně to změňte jako italský kuchař, vyměňte cuketu za jinou zeleninu, jako jsou zelené fazolky, rajčata nebo špenát, a petrželku nahraďte bazalkou nebo mátou.

6 domácích šálků<u>Kuřecí polévka</u>nebo směs poloviny vývaru z obchodu a poloviny vody

2 lžíce olivového oleje

1 střední cibule, jemně nakrájená

1 libra vařících brambor (asi 3 střední), oloupaných a nakrájených

1 libra cuket (asi 4 malé), vydrhnuté a nakrájené

Sůl a čerstvě mletý černý pepř

2 lžíce nasekané ploché listové petrželky

Čerstvě nastrouhaný Parmigiano-Reggiano nebo Pecorino Romano

1. V případě potřeby připravte vývar. Poté nalijte olej do středně velké pánve. Přidejte cibuli a vařte za častého míchání na středním plameni, dokud nezměkne a nezezlátne, asi 10 minut.

2. Přidejte brambory a cuketu. Přidejte vývar a podle chuti osolte a opepřete. Přiveďte k varu a vařte, dokud zelenina nezměkne, asi 30 minut.

3. Podle chuti osolíme a opepříme. Přidejte petržel. Podávejte s nastrouhaným sýrem.

Smetanová fenyklová polévka

Zuppa di Finocchio

Vyrobí 6 porcí

Brambory a fenykl k sobě mají blízko. Tuto polévku podávejte ozdobenou nasekanými listy fenyklu a pokapaným extra panenským olivovým olejem.

6 domácích šálků<u>Kuřecí polévka</u>nebo směs poloviny vývaru z obchodu a poloviny vody

2 velké pórky, nakrájené

3 střední fenyklové cibule (asi 2 1/2 libry)

2 lžíce nesoleného másla

1 lžíce olivového oleje

5 vařených brambor, oloupaných a nakrájených na plátky

Sůl a čerstvě mletý černý pepř

Extra panenský olivový olej

1. V případě potřeby připravte vývar. Poté pórek podélně rozpůlte a dobře jej opláchněte, abyste odstranili všechny stopy písku mezi vrstvami. Nakrájejte na velké kusy.

2. Stonky fenyklu zastřihněte do výšky cibulí a část zelených listů si ponechte na ozdobu. Ořízněte základnu a hnědé skvrny. Žárovky nakrájíme na tenké plátky.

3. Ve velkém hrnci rozpustíme na středním plameni máslo s olejem. Přidejte pórek a vařte do měkka, asi 10 minut. Přidejte fenykl, brambory, vývar a podle chuti osolte a opepřete. Přiveďte k varu a vařte, dokud zelenina nezměkne, asi 1 hodinu.

4. Pomocí děrované lžíce přendejte zeleninu do kuchyňského robota nebo mixéru. Zpracujte nebo rozmixujte do hladka.

5. Zeleninu vraťte do hrnce a mírně prohřejte. Nalijte do polévkových misek, posypte odloženými fenyklovými kloboučky a pokapejte olivovým olejem. Podávejte horké.

Houbová a bramborová polévka

Minestra di Funghi a Patate

Vyrobí 6 porcí

Zde je další polévka z Friuli-Venezia Giulia, regionu známého svými vynikajícími houbami. Čerstvé hříbky by se tam hodily, ale protože se špatně shánějí, nahrazuji mixem divokých a pěstovaných hub. Jako zahušťovadlo se přidávají brambory i ječmen.

8 domácích šálků Masový vývar nebo směs poloviny vývaru z obchodu a poloviny vody

2 lžíce olivového oleje

2 unce nakrájené slaniny, jemně nasekané

1 střední cibule, jemně nakrájená

2 celerová žebra nakrájená nadrobno

1 libra různých hub, jako jsou bílé, cremini a portabello

4 lžíce nasekané čerstvé petrželky

2 stroužky česneku nakrájené nadrobno

3 středně vařené brambory, oloupané a nakrájené

Sůl a čerstvě mletý černý pepř

1/2 šálku perličkového ječmene

1. V případě potřeby připravte vývar. Nalijte olej do velkého hrnce. Přidejte slaninu. Vařte za častého míchání na středním plameni do zlatova, asi 10 minut. Přidejte cibuli a celer a vařte za občasného míchání do změknutí asi 5 minut.

2. Přidejte houby, 2 lžíce petrželky a česnek. Vařte za častého míchání, dokud se šťáva z hub neodpaří, asi 10 minut.

3. Přidejte brambory, sůl a pepř. Přidejte vývar a přiveďte k varu. Přidejte ječmen a vařte odkryté na mírném ohni 1 hodinu nebo dokud ječmen nezměkne a polévka nezhoustne.

4. Posypeme zbylou petrželkou a podáváme horké.

Květákový krém

Vellutata di Cavolfiore

Vyrobí 6 porcí

Elegantní polévka, která se podává na začátku speciální večeře. Pokud máte trochu lanýžového oleje nebo pasty, zkuste trochu přidat do polévky těsně před podáváním, vynechejte sýr.

1 střední květák, oříznutý a nakrájený na 1-palcové růžičky

Sůl

3 lžíce nesoleného másla

1/4 šálku univerzální mouky

Asi 2 hrnky mléka

čerstvě nastrouhaný muškátový oříšek

1/2 šálku husté smetany

1/4 šálku čerstvě nastrouhaného Parmigiano-Reggiano

1. Přiveďte k varu velký hrnec vody. Přidejte květák a sůl podle chuti. Vařte, dokud květák nezměkne, asi 10 minut. Dobře sceďte.

2. Ve středním hrnci rozpusťte máslo na středním plameni. Přidejte mouku a dobře míchejte 2 minuty. Velmi pomalu přidávejte 2 hrnky mléka a sůl podle chuti. Přiveďte k varu a za stálého míchání vařte 1 minutu, dokud nezhoustne a nebude hladké. Sundejte z ohně. Přidejte muškátový oříšek a smetanu.

3. Přendejte květák do kuchyňského robotu nebo mixéru. Pyré, v případě potřeby přidejte trochu omáčky, aby bylo pyré hladké. Pyré přendejte na pánev se zbylou omáčkou. Dobře promíchejte. Mírně zahřejte, v případě potřeby přidejte více mléka, aby vznikla hustá polévka.

4. Sundejte z ohně. Ochutnejte a upravte koření. Přidejte sýr a podávejte.

Sicilská polévka z rajčat a ječmene

Minestra d'Orzo alla Siciliana

Vyrobí 4 až 6 porcí

Místo strouhání sýra Sicilané často podávají polévku s jemně nasekaným sýrem. Nikdy se v polévce úplně nerozteče a v každém soustu cítíte trochu sýra.

8 domácích šálků<u>Kuřecí polévka</u>buď<u>Masový vývar</u>nebo směs poloviny vývaru z obchodu a poloviny vody

8 uncí perličkového ječmene, natrhané a opláchnuté

2 střední rajčata, oloupaná, zbavená semínek a nakrájená, nebo 1 šálek nakrájených konzervovaných rajčat

1 žebro celeru nakrájené nadrobno

1 střední cibule, jemně nakrájená

Sůl a čerstvě mletý černý pepř

1 šálek nakrájeného Pecorino Romano

1. V případě potřeby připravte vývar. Ve velkém hrnci smíchejte vývar, ječmen a zeleninu a přiveďte k varu. Vařte, dokud ječmen nezměkne, asi 1 hodinu. Pokud je polévka příliš hustá, přidejte vodu.

2. Dochuťte solí a pepřem podle chuti. Polévku nalijte do misek, navrch rozprostřete sýr.

polévka z červené papriky

Zuppa di Peperoni Rossi

Vyrobí 6 porcí

Živá červeno-oranžová barva této polévky je atraktivním a vhodným vodítkem k lahodné a osvěžující chuti. Je inspirována polévkou, kterou jsem vyzkoušel v Il Cibreo, oblíbené trattorii ve Florencii. Ráda podávám s teplou focacciou.

6 domácích šálků<u>Kuřecí polévka</u>nebo směs poloviny vývaru z obchodu a poloviny vody

2 lžíce olivového oleje

1 střední cibule nakrájená

1 celerové žebro, nakrájené

1 nakrájená mrkev

5 velkých červených paprik, zbavených semínek a nakrájených

5 středně vařených brambor, oloupaných a nakrájených

2 rajčata zbavená jádřince a nakrájená

Sůl a čerstvě mletý černý pepř

1 šálek mléka

Čerstvě nastrouhaný Parmigiano-Reggiano

1. V případě potřeby připravte vývar. Poté nalijte olej do velkého hrnce. Přidejte cibuli, celer a mrkev. Vařte za častého míchání na středním plameni, dokud zelenina nezměkne a nezezlátne, asi 10 minut.

2. Přidejte papriku, brambory a rajčata a dobře promíchejte. Přidejte vývar a přiveďte k varu. Snižte teplotu a vařte 30 minut nebo dokud zelenina nezměkne.

3. Pomocí děrované lžíce přendejte zeleninu do kuchyňského robota nebo mixéru. Pyré do hladka.

4. Do hrnce nalijte zeleninové pyré. Zahřejte polévku na mírném ohni a přidejte mléko. Nenechte polévku vařit. Podle chuti osolíme a opepříme. Podáváme horké, posypané sýrem.

Fontina, chléb a zelňačka

Zuppa alla Valpelline

Vyrobí 6 porcí

Jednou z mých nejlepších vzpomínek na Valle d'Aosta je aromatický sýr fontina a chutný celozrnný chléb z regionu. Sýr se vyrábí z kravského mléka a zraje v horských jeskyních. Hledejte sýr s přírodní kůrou a siluetou hory vylisovanou na vrcholu, abyste získali skutečnou fontinu. Na tuto vydatnou polévku použijte dobrý žvýkací chléb. Savoy kapusta má jemnější chuť než hladkolistá odrůda.

8 domácích šálků <u>Masový vývar</u> nebo směs poloviny hovězího vývaru z obchodu a poloviny vody

2 lžíce nesoleného másla

1 malé savojské zelí, nakrájené najemno

Sůl

¼ čajové lžičky čerstvě mletého muškátového oříšku

1/4 lžičky mleté skořice

čerstvě mletý černý pepř

12 uncí Fontina Valle d'Aosta

12 plátků křupavého žitného chleba bez pecek, celozrnný žitný nebo celozrnný chléb, opečený

1. V případě potřeby připravte vývar. Dále ve velkém hrnci rozpustíme máslo. Přidáme zelí a podle chuti osolíme. Přikryjeme a za občasného míchání dusíme 30 minut, dokud zelí nezměkne.

2. Předehřejte troubu na 350 ° F. Do velkého hrnce dejte vývar, muškátový oříšek, skořici, sůl a pepř a přiveďte k varu na středním plameni.

3. Umístěte 4 krajíce chleba na dno hlubokého třílitrového hrnce odolného vůči troubě nebo těžkého hlubokého hrnce či pekáče. Navrch dejte polovinu zelí a třetinu sýra. Opakujte s další vrstvou chleba, zelí a sýra. Přikryjeme zbylým chlebem. Opatrně zalijeme horkým vývarem. Odložený sýr nakrájíme na malé kousky a rozprostřeme na polévku.

4. Kastrol pečte do zlatova a bublinky, asi 45 minut. Před podáváním nechte 5 minut odstát.

krémová houbová polévka

Zuppa di Funghi

Vyrobí 8 porcí

Den díkůvzdání není v Itálii svátkem, ale tuto krémovou severoitalskou polévku ze sušených čerstvých hub často podávám jako součást mého svátečního menu.

8 domácích šálkůMasový vývarnebo směs poloviny hovězího vývaru z obchodu a poloviny vody

1 unce sušených hříbků

2 šálky horké vody

2 lžíce nesoleného másla

1 střední cibule, jemně nakrájená

1 stroužek česneku nasekaný nadrobno

1 libra bílých hub, nakrájených na tenké plátky

[1]1/2 šálku suchého bílého vína

1 lžíce rajčatového protlaku

1/2 šálku husté smetany

nakrájenou čerstvou plocholistou petrželku na ozdobu

Sůl a čerstvě mletý černý pepř

1. V případě potřeby připravte vývar. Poté hříbky vložíme do vody a necháme 30 minut máčet. Vyjměte houby z mísy a rezervujte si tekutinu. Opláchněte houby pod studenou tekoucí vodou, abyste odstranili veškeré kamínky, přičemž věnujte zvláštní pozornost koncům stonků, kde se shromažďují nečistoty. Houby nakrájejte na velké kousky. Sceďte houbovou tekutinu přes papírový kávový filtr do nádoby.

2. Ve velkém hrnci na středním plameni rozpustíme máslo. Přidejte cibuli a česnek a vařte 5 minut. Přidejte všechny houby a za občasného míchání vařte, dokud houby lehce nezhnědnou, asi 10 minut. Podle chuti osolíme a opepříme.

3. Přidejte víno a přiveďte k varu. Přidejte vývar, houbovou tekutinu a rajčatový protlak. Snižte teplotu a vařte 30 minut.

4. Přidejte smetanu. Posypeme petrželkou a ihned podáváme.

Pesto zeleninová polévka

Pesto Minestrone

Vyrobí 6 až 8 porcí

V Ligurii se do misek minestrone přidává lžíce voňavé pesto omáčky. Není to podstatné, ale opravdu to zvedne chuť polévky.

[1]1/4 šálku olivového oleje

1 střední cibule nakrájená

2 nakrájené mrkve

2 celerová žebra, nakrájená

4 zralá rajčata, oloupaná, zbavená semínek a nakrájená

1 libra mangoldu nebo špenátu, nakrájeného

3 středně vařené brambory, oloupané a nakrájené

3 malé cukety, nakrájené

8 uncí zelených fazolí, nakrájených na 1/2-palcové kousky

8 uncí vyloupaných čerstvých fazolí cannellini nebo borlotti nebo 2 šálky vařených, sušených nebo konzervovaných fazolí, okapaných

Sůl a čerstvě mletý černý pepř

1 recept pesto

4 unce malých tvarů těstovin, jako jsou tubetti nebo lokty

1. Nalijte olej do velkého hrnce. Přidejte cibuli, mrkev a celer. Vařte za častého míchání na středním plameni, dokud zelenina nezměkne a nezezlátne, asi 10 minut.

2. Přidejte rajčata, mangold, brambory, cuketu a fazole. Přidejte tolik vody, aby byla zelenina pokryta. Podle chuti osolíme a opepříme. Vařte za občasného míchání, dokud polévka nezhoustne a zelenina nezměkne, asi 1 hodinu. Přidejte trochu vody, pokud je příliš hustá.

3. Mezitím si připravte pesto, je-li třeba. Když polévka zhoustne, přidejte těstoviny. Vařte za stálého míchání, dokud těstoviny nezměknou, asi 10 minut. Necháme mírně vychladnout. Podávejte horké, kolem mísy s pestem, které můžete přidat u stolu, nebo polévku naservírujte do misek a do středu každé dejte trochu pesta.

Vaječná polévka Pavia

Zuppa alla Pavese

Vyrobí 4 porce

Sázená vejce ve vývaru jsou rychlé a chutné jídlo. Polévka je připravena k podávání, když jsou bílky ztuhlé a žloutky ještě měkké.

2 litry domácího<u>Masový vývar</u>nebo směs poloviny vývaru z obchodu a poloviny vody

4 plátky venkovského chleba, lehce opečené

4 velká vejce, pokojové teploty

4 až 6 lžic čerstvě nastrouhaného Parmigiano-Reggiano

Sůl a čerstvě mletý černý pepř

1. V případě potřeby připravte vývar. Pokud není čerstvě udělaný, zahřejte vývar na mírném ohni. Dochutíme solí a pepřem.

2. Připravte si 4 horké misky polévky. Na každou misku položte jeden plátek toastu a na každý plátek toastu rozklepněte vejce.

3. Vejce zalijte horkým vývarem, aby pokryla pár centimetrů. Posypte sýrem. Necháme odstát, dokud se bílek neuvaří podle chuti. Podávejte horké.

Motýlky s Amaretti

Farfalle s gli Amaretti

Vyrobí 4 až 6 porcí

Jednou ze specialit Lombardie jsou čerstvé vaječné těstoviny plněné zimní dýní a drceným amaretti, křupavé mandlové sušenky (<u>Zimní squashové ravioli s mandlovým máslem</u>). Vykoupaná v rozpuštěném másle a posypaná slaným a oříškovým parmezánem, kombinace chutí je velmi neobvyklá a nezapomenutelná. Číšník v malé trattorii v Cremoně mi řekl, že tento jednoduchý recept vyrobený ze sušených těstovin byl inspirován tímto propracovaným pokrmem.

Pokud jsou rozinky suché, pokapejte je tak, že je těsně před scezením vhodíte do vroucí vody na těstoviny.

Sůl

1 libra farfalle

1 tyčinka nesoleného másla, rozpuštěná

12 až 16 sušenek amaretti, rozdrcených (asi 1/2 šálku strouhanky)

1/3 šálku zlatých rozinek

1 šálek strouhaného parmigiano-reggiano

1. Ve velkém hrnci dejte vařit alespoň 4 litry vody. Přidejte 2 lžíce soli a poté těstoviny. Dobře promíchejte. Vařte na vysokém ohni za častého míchání, dokud nejsou těstoviny al dente, křehké, ale pevné na kousání. Rezervujte si část vody na vaření. Sceďte těstoviny.

2. Do velké servírovací mísy dejte teplé máslo. Přidejte těstoviny a promíchejte je s drobenkou a rozinkami. Přidejte sýr a znovu promíchejte. Pokud se vám těstoviny zdají suché, přidejte trochu vody z vaření. Podávejte horké.

Špagety se sázenými vejci, Salerno Styl

Špagety s l'Uuovo Fritto alla Salernitana

Dělá 2 porce

Ačkoli jsem o tomto receptu slyšela v oblasti Neapole, nikdy jsem ho nezkoušela udělat, až jsem si jednoho dne myslela, že nemám doma nic, co bych pro sebe a svého manžela uvařila. Je to jednoduché a uklidňující a lze ho podávat i jako brunch. Vejce by se měla vařit, dokud nejsou bílky pevné, ale žloutky jsou stále měkké. Ingredience v tomto receptu poslouží dvě, ale podle potřeby můžete zdvojnásobit nebo ztrojnásobit.

4 unce špaget nebo linguine

Sůl

2 lžíce olivového oleje

4 vejce

1/2 šálku čerstvě nastrouhaného Pecorino Romano

čerstvě mletý černý pepř

1. Ve velkém hrnci dejte vařit alespoň 4 litry vody. Přidejte 2 polévkové lžíce soli, poté těstoviny a jemně je zatlačte dolů, dokud nebudou těstoviny zcela pokryty vodou. Dobře promíchejte. Vařte na vysokém ohni za častého míchání.

2. Ve velké pánvi rozehřejte olej na středním plameni. Přidejte vejce, posypte je solí a pepřem. Vařte, dokud bílky neztuhnou a žloutky ještě měkké.

3. Sceďte těstoviny a nechte si část vody na vaření. Těstoviny smícháme se sýrem a 2 až 3 lžícemi vody.

4. Těstoviny rozdělte na 2 servírovací talíře. Do každé přidejte dvě vejce a ihned podávejte.

tagliarini soufflé

Soufflé z Tagliarini

Vyrobí 6 porcí

Některé recepty se do mé kuchyně dostávají nepřímo. Můj přítel Arthur Schwartz se se mnou podělil o tento neobvyklý. Naučila se to od své spolužačky ze školy vaření, baronky Cecilie Bellelli Baratta, která se to naučila od své matky Elviry. Rodina Baratta žije v Battipaglia v provincii Salerno, kde Ceciliin otec podnikal v oboru balení rajčat. Během druhé světové války ale rodina žila v Parmě, kde bylo mnohem bezpečněji.

Elvira (91) stále vaří mnoho parmských jídel a tvrdí, že vytvořila nápad na těstovinové suflé, když žila v této oblasti, i když ve skutečnosti existují i jiné verze. Cecilia poukazuje na to, že severní Italové stěží mají monopol na vaječné těstoviny a smetanové omáčky, bez ohledu na to, co si my ostatní myslíme.

Tento recept se liší tím, že se vyrábí ze sušených vaječných těstovin namísto čerstvých. Hledejte tagliarini, cappellini nebo cappelli di angelo, i když běžné tenké vaječné nudle by také fungovaly. Díky citrónové chuti se pokrm zdá ještě lehčí, než je.

Bešamelová omáčka

4 lžíce nesoleného másla

4 lžíce univerzální mouky

2 šálky mléka

¾ hrnku strouhaného parmigiano-reggiano

⅛ lžičky čerstvě nastrouhaného muškátového oříšku

1½ lžičky soli

1/2 lžičky čerstvě mletého černého pepře

Jemná kůra z 1 citronu

šťáva z 1 citronu

4 velká vejce, oddělená

Sůl

8 uncí sušených tagliarini nebo jiných tenkých sušených vaječných těstovin, nalámaných na 3-palcové kousky

4 lžíce nesoleného másla

1 vaječný bílek

¼ šálku plus 2 lžíce suché strouhanky

1. Připravte omáčku: V malém hrnci na středním plameni rozpusťte máslo. Metličkou přidáme mouku a vaříme 2 minuty.

2. Za stálého šlehání přiléváme mléko. Za častého míchání přiveďte k varu. Odstraňte z ohně a přidejte sýr. Před přidáním muškátového oříšku, soli, pepře, citronové kůry a šťávy nechte mírně vychladnout.

3. Směs nalijte do velké mísy a nechte vychladnout na pokojovou teplotu. (Nebo, pokud spěcháte, ochlaďte směs umístěním misky do jiné misky naplněné ledovou vodou.) Přidejte žloutky a dobře promíchejte.

4. Přiveďte k varu asi 3 litry vody. Přidejte 2 lžíce soli a poté těstoviny. Vařte jen do poloviny. Pasta bude poddajná, ale ve středu stále tvrdá. Dobře sceďte. Těstoviny vraťte do hrnce, ve kterém se vařily, a promíchejte je se 2 lžícemi zbylého másla. Těstoviny necháme trochu vychladnout.

5. Umístěte rošt do středu trouby. Předehřejte troubu na 375 ° F. S 1 lžící zbývajícího másla vymažte zapékací misku o rozměrech 9

× 9 × 2 palce. Posypte asi 1/4 šálku strouhanky, pokrm dobře potáhněte.

6. Ve velké míse elektrickým šlehačem na střední rychlost ušlehejte bílky se špetkou soli, dokud se nevytvoří měkké špičky. Do bešamelové omáčky jemně vmícháme bílky. Omáčku pomocí gumové stěrky postupně vmícháme do těstovin. Pracujte opatrně, abyste bílky příliš nevyfoukli. Směs nalijte do připraveného pekáčku.

7. Posypeme zbylými 2 lžícemi strouhanky. Potřeme zbylou lžící másla.

8. Pečte 30 minut, nebo dokud není sufle nafouknuté a lehce zlaté.

9. Pro maximální lehkost nakrájejte na čtverečky a ihned podávejte. Suflé se při ochlazení trochu potopí.

Špagety ve stylu hořáku na dřevěné uhlí

špagety carbonara

Vyrobí 6 až 8 porcí

Římané připisují pracovitému doručovateli uhlí jako inspiraci pro tyto rychle uvařené těstoviny. Říká se, že velkorysé mletí černého pepře připomíná zrnka uhelného prachu!

Někteří kuchaři ve Spojených státech přidávají do omáčky smetanu, ale v Římě se to tak dělá.

4 unce pancetty, nakrájené na silné plátky

1 lžíce olivového oleje

3 velká vejce

Sůl a čerstvě mletý černý pepř

1 libra špaget nebo linguini

¾ šálku čerstvě nastrouhaného Pecorino Romano nebo Parmigiano-Reggiano

1. Slaninu nakrájejte na 1/4palcové kousky. Nalijte olej na dostatečně velkou pánev, aby se do ní vešly všechny uvařené

těstoviny. Přidejte slaninu. Vařte na středním plameni, dokud pancetta nezezlátne po okrajích, asi 10 minut. Uhasit oheň.

2. Ve středně velké misce rozšlehejte vejce s vydatným množstvím soli a pepře.

3. Ve velkém hrnci dejte vařit alespoň 4 litry vody. Přidejte 2 polévkové lžíce soli, poté těstoviny a jemně je zatlačte dolů, dokud nebudou těstoviny zcela pokryty vodou. Dobře promíchejte. Vařte na vysokém ohni za častého míchání, dokud nejsou těstoviny al dente, křehké, ale pevné na kousání. Sceďte těstoviny a nechte si část vody na vaření.

4. Uvařené těstoviny vložte do pánve s pancettou a dobře promíchejte na středním plameni. Přidejte vejce a trochu vody z vaření. Jemně promíchejte, dokud pasta nevypadá jako krémová. Posypeme sýrem a ještě pepřem. Dobře promícháme a ihned podáváme.

Bucatini s rajčaty, slaninou a feferonkou

Bucatini all'Amatriciana

Vyrobí 4 až 6 porcí

Amatrice je název města v regionu Abruzzo. Mnoho lidí z této oblasti se usadilo v Římě a tento recept se stal jedním z hlavních pokrmů města. Jako u všech tradic se všichni přou o správný způsob, jak ji bránit. Jednou jsem slyšel v Římě rozhlasovou show na toto téma, která trvala hodinu a diskutovala o výhodách a nevýhodách přidávání cibule.

Vyzkoušel jsem mnoho verzí a tento způsob se mi líbí nejvíce. Bucatini, velmi tlustá špageta s dírou uprostřed, je tradiční, ale obtížně se jí. Na rozdíl od špaget, linguini a dalších dlouhých provazců těstovin se netočí úhledně kolem vidličky, zvláště pokud jsou uvařené tak, jak to mají Římané rádi. Krátká tenká tuba těstovin jako penne je také dobrá a mnohem úhlednější k jídlu.

2 lžíce olivového oleje

2 unce nakrájené slaniny, asi 1/8 palce silné, nakrájené na malé kousky

1 střední cibule, jemně nakrájená

Špetka mleté červené papriky

¹1/2 šálku suchého bílého vína

1 plechovka (28 uncí) dovezených loupaných italských rajčat, okapaných a nakrájených

Sůl

1 libra bucatini, perciatelli nebo penne

¹1/2 šálku čerstvě nastrouhaného Pecorino Romano

1. Nalijte olej na dostatečně velkou pánev, aby se do ní vešly všechny uvařené těstoviny. Přidejte slaninu, cibuli a drcenou červenou papriku. Vařte za občasného míchání na středním plameni, dokud pancetta a cibule nezezlátnou, asi 12 minut.

2. Přidejte víno a přiveďte k varu.

3. Přidejte rajčata a sůl podle chuti. Omáčku přiveďte k varu a za občasného míchání vařte, dokud omáčka nezhoustne, asi 25 minut.

4. Ve velkém hrnci dejte vařit alespoň 4 litry vody. Přidejte 2 lžíce soli a poté těstoviny. Dobře promíchejte. Vařte na vysokém ohni za častého míchání, dokud nejsou těstoviny al dente, křehké, ale

pevné na kousání. Rezervujte si část vody na vaření. Sceďte těstoviny.

5. Nalijte těstoviny do pánve s omáčkou. Míchejte těstoviny a omáčku na vysoké teplotě po dobu asi 1 minuty, nebo dokud nejsou těstoviny obalené. Pokud se vám těstoviny zdají suché, přidejte trochu vody na vaření. Sundejte z ohně. Přidejte sýr a dobře promíchejte. Ihned podávejte.

Penne se slaninou, pecorinem a černým pepřem

Penne alla Gricia

Vyrobí 4 až 6 porcí

Připomněl jsem si, jak dobré mohou být tyto těstoviny v newyorské restauraci San Domenico, kde je připravovali na oběd oslavující římskou kuchyni. Musel jsem to zařadit do této sbírky.

Penne alla Gricia je blízký příbuzný a možná předchůdce Bucatini all'Amatriciana na levé straně. Tradiční receptury na oba mají stejné ingredience: solené maso, sádlo a strouhaný ovčí sýr, což byly typické koření na těstoviny, než rajčata dorazila z Nového světa a byla přijata v Itálii. Sádlo mu dodává velmi dobrou chuť, ale pokud chcete, můžete ho nahradit olivovým olejem.

V Římě se vyrábí s guanciale, sušenými vepřovými líčky. Pokud nežijete poblíž řezníka s italskými specialitami, guanciale je těžké najít, ale pancetta je velmi podobná. Pokud můžete, nechte si nakrájet plátky o tloušťce asi 1/8 palce. Aby se plátky snadněji krájely, zkuste je krátce zmrazit na kousku voskovaného papíru.

2 lžíce sádla nebo olivového oleje

4 unce nakrájené guanciale nebo pancetta, asi 1/8 palce silné, nakrájené na malé kousky

Sůl

1 libra špaget

1/2 šálku čerstvě nastrouhaného Pecorino Romano

1/2 lžičky čerstvě mletého černého pepře nebo více podle chuti

1. V pánvi dostatečně velké, aby se do ní vešly všechny uvařené těstoviny, rozehřejte na středním plameni sádlo nebo olivový olej. Přidejte guanciale nebo pancettu a za častého míchání vařte 10 minut nebo dokud nebudou křupavé a zlaté.

2. Ve velkém hrnci dejte vařit alespoň 4 litry vody. Přidejte 2 lžíce soli a poté těstoviny. Dobře promíchejte. Vařte na vysokém ohni za častého míchání, dokud nejsou těstoviny al dente, křehké, ale pevné na kousání. Rezervujte si část vody na vaření. Sceďte těstoviny.

3. Nalijte těstoviny do pánve a promíchejte se sýrem, pepřem a několika lžícemi vody, dokud nebudou těstoviny dobře obalené. Ihned podávejte s větším množstvím pepře, pokud chcete.

Penne s vepřovým masem a květákem

Incaciata těstoviny

Vyrobí 4 až 6 porcí

Moje kamarádka Carmella Ragusa mi ukázala, jak vyrobit tento recept, který se naučila při návštěvě své rodiny na Sicílii.

2 lžíce olivového oleje

2 stroužky česneku nakrájené nadrobno

8 uncí mletého vepřového masa

1 lžička semínek fenyklu

1 1/2 šálku suchého červeného vína

1 libra čerstvých švestkových rajčat, oloupaných, zbavených semínek a nakrájených na kostičky, nebo 2 šálky konzervovaných dovezených italských rajčat, okapaných a nakrájených na kostičky

Sůl a čerstvě mletý černý pepř

3 šálky růžičky květáku

1 libra penne

Asi 1 šálek čerstvě nastrouhaného Pecorino Romano

1. Nalijte olej do velké pánve. Přidejte česnek a vařte na středním plameni dozlatova, asi 2 minuty. Přidejte vepřová a fenyklová semínka a dobře promíchejte. Vařte za občasného míchání, dokud maso nezhnědne, asi 15 minut.

2. Přidejte víno a vařte 3 minuty, nebo dokud se většina tekutiny neodpaří.

3. Přidejte rajčata a podle chuti osolte a opepřete. Vařte 15 minut nebo dokud se omáčka mírně nezredukuje.

4. Ve velkém hrnci dejte vařit alespoň 4 litry vody. Přidejte květák a 2 lžíce soli. Vařte, dokud květák nezměkne, asi 10 minut. Dírkovou lžící květák vydlabejte a dobře sceďte. Vodu nevyhazujte.

5. Do omáčky přidejte květák a za častého míchání a lžící nalámejte na kousky, dokud omáčka nezhoustne, asi ještě 10 minut.

6. Vodu přivedeme zpět k varu a přidáme těstoviny. Vařte za častého míchání, dokud nejsou těstoviny al dente, měkké, ale pevné na kousání. Rezervujte si část vody na vaření. Sceďte těstoviny.

7. Přeneste těstoviny do horké servírovací mísy. Těstoviny smíchejte s omáčkou, v případě potřeby ji zřeďte vodou z vaření. Přidejte sýr a dobře promíchejte. Ihned podávejte.

Špagety s vodkovou omáčkou

Spaghetti alla vodka

Vyrobí 4 až 6 porcí

Podle mého přítele Arthura Schwartze, autora kuchařek a odborníka na potraviny, byla tato pasta vynalezena v 70. letech 20. století v Itálii jako součást reklamní kampaně pro velkou vodárenskou společnost. Poprvé jsem to zkusil v Římě, ale zdá se, že je nyní populárnější v USA než v Itálii.

- 1/4 šálku nesoleného másla

- 1/4 šálku jemně nakrájené šalotky

- 2 unce nakrájeného importovaného italského prosciutta, nakrájeného na tenké proužky

- 1 (28 uncí) plechovka dovezených loupaných italských rajčat, okapaných a nahrubo nakrájených

- 1/2 lžičky drcené červené papriky

- Sůl

- 1/2 šálku husté smetany

1/4 šálku vodky

1 libra špaget nebo linguini

1/2 šálku čerstvě nastrouhaného Parmigiano-Reggiano

1. V pánvi dostatečně velké, aby se do ní vešly všechny uvařené těstoviny, rozpusťte na středním plameni máslo. Přidejte šalotku a vařte do zlatova, asi 2 minuty. Přidejte prosciutto a vařte 1 minutu.

2. Přidejte rajčata, drcenou červenou papriku a sůl podle chuti. Vařte na mírném ohni 5 minut. Přidejte smetanu a vařte za dobrého míchání ještě 1 minutu. Přidejte vodku a vařte 2 minuty.

3. Ve velkém hrnci přiveďte k varu 4 litry vody. Přidejte 2 polévkové lžíce soli, poté těstoviny a jemně je zatlačte dolů, dokud nebudou těstoviny zcela pokryty vodou. Vařte na vysokém ohni za častého míchání, dokud není al dente, křehký, ale stále pevný na skus. Rezervujte si část vody na vaření. Sceďte těstoviny.

4. Přidejte těstoviny do pánve s omáčkou. Vhoďte těstoviny do omáčky na vysokou teplotu, dokud nejsou dobře potažené.

Pokud se vám omáčka zdá příliš hustá, přidejte trochu vody na vaření. Přidejte sýr a znovu promíchejte. Ihned podávejte.

Motýlci s chřestem, smetanou a prosciuttem

Farfalle s Asparagi

Vyrobí 6 až 8 porcí

Tato kombinace je ideální pro jarní menu. Zjistil jsem, že smetana je velmi bohatá, takže mám tendenci podávat tyto těstoviny v malých porcích jako předkrm před něčím jednoduchým, jako je grilované hovězí nebo kuřecí maso. Do těchto těstovin jsem přidala nakrájenou pečenou papriku a ta kombinace se mi moc líbí.

1 libra čerstvého chřestu, nakrájeného

Sůl

1 šálek husté smetany

1 libra farfalle

½ šálku čerstvě nastrouhaného Parmigiano-Reggiano

2 unce nakrájeného importovaného italského prosciutta, nakrájeného příčně na tenké proužky

1. Ve velké pánvi přiveďte k varu asi 2 palce vody. Přidejte chřest a sůl podle chuti. Vařte, dokud chřest nezměkne, při vyjímání z vody se mírně přehýbejte. Doba vaření bude záviset na tloušťce chřestu. Chřest osušte. Nakrájejte je na malé kousky.

2. V malém hrnci přiveďte smetanu k varu. Vařte 5 minut nebo do mírného zhoustnutí.

3. Přiveďte k varu velký hrnec vody. Přidejte 2 lžíce soli a poté těstoviny. Dobře promíchejte. Vařte na vysokém ohni za častého míchání, dokud nejsou těstoviny al dente, křehké, ale pevné na kousání. Rezervujte si část vody na vaření. Sceďte těstoviny.

4. Nalijte těstoviny, smetanu a sýr do velké servírovací mísy a dobře promíchejte. Pokud se vám omáčka zdá příliš hustá, přidejte trochu vody na vaření. Přidejte chřest a šunku serrano a znovu promíchejte. Ihned podávejte.

Penne "přetažené" masovou omáčkou

penne strascinát

Vyrobí 6 porcí

Poprvé jsem tyto těstoviny jedl v malé venkovské restauraci v Toskánsku, kraji, kde má každý kuchař svůj vlastní způsob přípravy. Říká se tomu „tažené" penne, protože těstoviny se dokončují vařením, když jsou vmíchány do omáčky. Tím se těstovinám naplní chuť omáčky.

1/4 šálku olivového oleje

1 střední cibule, jemně nakrájená

1 střední mrkev, jemně nakrájená

1 baby celerové žebro, nakrájené nadrobno

1 stroužek česneku, velmi jemně nasekaný

2 lžíce nasekané čerstvé bazalky

12 uncí mletého hovězího masa

1/2 šálku suchého červeného vína

2 šálky loupaných čerstvých rajčat, zbavených semínek a nakrájených na kostičky nebo konzervovaných dovezených italských loupaných rajčat, okapaných a nakrájených na kostičky

1 domácí hrnekMasový vývarbuďKuřecí polévkanebo kuřecí nebo hovězí vývar z obchodu

Sůl a čerstvě mletý černý pepř

1 libra penne

1/2 šálku čerstvě nastrouhaného Pecorino Romano

1/2 šálku čerstvě nastrouhaného Parmigiano-Reggiano

1. Nalijte olej na dostatečně velkou pánev, aby se do ní vešly všechny uvařené těstoviny. Přidejte cibuli, mrkev, celer, česnek a bazalku. Vařte na středním plameni, dokud zelenina nezměkne, asi 10 minut.

2. Přidejte telecí maso a vařte za častého míchání, aby se rozlomily hrudky, asi 10 minut. Přidejte víno a přiveďte k varu. Vařte 1 minutu.

3. Přidejte rajčata, vývar, sůl a pepř podle chuti. Vařte na mírném ohni 45 minut za občasného míchání.

4. Ve velkém hrnci přiveďte k varu 4 litry vody. Přidejte 2 lžíce soli a poté těstoviny. Dobře promíchejte. Vařte na vysokém ohni za častého míchání, dokud nejsou těstoviny téměř měkké, ale mírně nedovařené. Rezervujte si trochu vody na vaření. Sceďte těstoviny.

5. Přidejte těstoviny na pánev a zvyšte teplotu na střední. Těstoviny vařte, dobře promíchejte, 2 minuty, v případě potřeby přidejte trochu vody. Přidejte sýry a ihned podávejte.

Špagety, styl Caruso

Špagety Enrico Caruso

Vyrobí 6 porcí

Enrico Caruso, velký neapolský tenorista, rád vařil a jedl. Těstoviny byly jeho specialitou a ty prý patřily k jeho nejoblíbenějším.

1/4 šálku olivového oleje

1/4 šálku jemně nakrájené šalotky nebo cibule

8 uncí kuřecích jater, oříznutých a nakrájených na malé kousky

1 lžička jemně nasekaného rozmarýnu

Sůl a čerstvě mletý černý pepř

2 šálky loupaných čerstvých rajčat zbavených semínek a nakrájených na kostičky nebo konzervovaných dovezených italských loupaných rajčat, okapaných a nakrájených na kostičky

1 libra špaget nebo linguini

2 lžíce nesoleného másla

1/2 šálku čerstvě nastrouhaného Parmigiano-Reggiano

1. Nalijte olej do dostatečně velké pánve, aby pojal všechny těstoviny. Přidejte šalotku. Vařte na středním plameni do měkka, asi 3 minuty. Přidejte játra, rozmarýn a podle chuti osolte a opepřete. Vařte 2 minuty nebo dokud játra nebudou růžová.

2. Přidejte rajčata a přiveďte k varu. Vařte 20 minut nebo do mírného zhoustnutí.

3. Ve velkém hrnci přiveďte k varu 4 litry vody. Přidejte 2 polévkové lžíce soli, poté těstoviny a jemně je zatlačte dolů, dokud nebudou těstoviny zcela pokryty vodou. Dobře promíchejte. Vařte na vysokém ohni za častého míchání, dokud nejsou těstoviny al dente, křehké, ale pevné na kousání. Rezervujte si část vody na vaření. Sceďte těstoviny.

4. Přidejte špagety do omáčky a míchejte 1 minutu na vysoké teplotě. Pokud se vám omáčka zdá příliš hustá, přidejte trochu vody na vaření. Přidejte máslo a sýr a znovu promíchejte. Ihned podávejte.

Penne s fazolemi a pancettou

Penne a Fagioli

Vyrobí 4 až 6 porcí

Některé recepty na těstoviny a fazole jsou husté a připomínají polévku, se stejným podílem fazolí a těstovin. Tato toskánská verze jsou opravdu těstoviny s fazolovou a rajčatovou omáčkou.

2 lžíce olivového oleje

2 1/2 unce slaniny, jemně nakrájené

1 střední cibule, jemně nakrájená

1 velký stroužek česneku, oloupaný a jemně nasekaný

2 šálky vařených nebo konzervovaných cannellini nebo brusinkových fazolí, okapané

1 1/2 libry švestkových rajčat, oloupaných, zbavených semínek a nakrájených na kostičky, nebo 3 šálky konzervovaných dovezených italských rajčat, okapaných a nakrájených na kostičky

Sůl podle chuti

1 libra penne

čerstvě mletý černý pepř

1 1/2 šálku nasekané ploché listové petrželky

1/2 šálku čerstvě nastrouhaného Parmigiano-Reggiano

1. Nalijte olej do velkého hrnce. Přidejte slaninu. Vařte na středním plameni za občasného míchání 10 minut nebo do světle zlatavé barvy. Přidejte cibuli a vařte do měkka a zlata, asi 10 minut.

2. Přidejte česnek a vařte ještě 1 minutu. Přidejte fazole, rajčata, sůl a pepř. Vařte 5 minut.

3. Ve velkém hrnci přiveďte k varu asi 4 litry vody. Přidejte 2 lžíce soli a poté těstoviny. Dobře promíchejte. Vařte na vysokém ohni za častého míchání, dokud nejsou těstoviny al dente, křehké, ale pevné na kousání. Rezervujte si část vody na vaření. Sceďte těstoviny.

4. Ve velké horké servírovací míse smíchejte těstoviny s omáčkou a petrželkou. V případě potřeby přidejte trochu vody z vaření. Přidejte sýr a znovu promíchejte. Podávejte s čerstvě nastrouhaným Parmigiano-Reggiano.

Těstoviny s cizrnou

Těstoviny a Ceci

Vyrobí 4 porce

Dokonalým zakončením cizrnových těstovin je kapka extra panenského olivového oleje. Pokud to chcete pikantní, zkuste to s některými z nich<u>svatý olej</u>.

2 lžíce olivového oleje

2 unce nahrubo nakrájené slaniny, jemně nasekané

1 střední cibule nakrájená

1 libra rajčat, oloupaných, zbavených semínek a nakrájených

1 lžíce nasekané čerstvé šalvěje

Špetka mleté červené papriky

Sůl

2 šálky uvařené nebo konzervované cizrny, okapané

8 uncí malých těstovin, jako je loket nebo ditali

Extra panenský olivový olej

1. Nalijte olej do velkého hrnce. Přidejte pancettu a cibuli a vařte za občasného míchání na středním plameni asi 10 minut nebo dokud nezměknou a nezezlátnou.

2. Přidejte rajčata, 1/2 šálku vody, šalvěj, červenou papriku a sůl podle chuti. Přiveďte k varu a vařte 15 minut. Přidejte cizrnu a vařte dalších 10 minut.

3. Ve velkém hrnci přiveďte k varu asi 4 litry vody. Přidejte 2 lžíce soli a poté těstoviny. Dobře promíchejte. Vařte za častého míchání, dokud nejsou těstoviny měkké, ale pevné na skus. Rezervujte si část vody na vaření. Sceďte těstoviny.

4. Přidejte těstoviny do pánve s omáčkou. Dobře promíchejte a přiveďte k varu, v případě potřeby přidejte trochu vody z vaření. Ihned podávejte.

Rigatoni Rigoletto

Těstoviny al Rigoletto

Vyrobí 6 porcí

Tyto těstoviny jsou pojmenovány po Rigolettovi, tragickém hrdinovi slavné Verdiho opery. Příběh se odehrává v Mantově, kde jsou tyto těstoviny velmi známé.

2 až 3 vepřové klobásy italského typu (asi 12 uncí)

2 lžíce olivového oleje

1 střední cibule, jemně nakrájená

2 stroužky česneku nakrájené nadrobno

4 lžíce rajčatového protlaku

2 šálky vody

2 šálky vařených sušených brusinek nebo fazolí cannellini, lehce scezených

Sůl a čerstvě mletý černý pepř

1 libra rigatoni

1 lžíce nesoleného másla

¹1/4 šálku jemně nasekané čerstvé bazalky

½ šálku čerstvě nastrouhaného Parmigiano-Reggiano

1. Z párků odstraňte střívka a maso nakrájejte nadrobno.

2. Olej nalijte do hrnce dostatečně velkého, aby se do něj vešly všechny ingredience. Přidejte cibuli, klobásu a česnek. Vařte na středním plameni za častého míchání, dokud cibule nezměkne a klobása lehce nezhnědne, asi 15 minut.

3. Přidejte rajčatovou pastu a vodu. Přiveďte k varu a vařte 20 minut nebo do mírného zhoustnutí.

4. Přidejte fazole a podle chuti osolte a opepřete. Vařte 10 minut, část fazolí rozmačkejte zadní částí lžíce, aby vznikla krémová omáčka.

5. Ve velkém hrnci dejte vařit alespoň 4 litry vody. Přidejte 2 lžíce soli a poté těstoviny. Dobře promíchejte. Vařte na vysokém ohni za častého míchání, dokud nejsou těstoviny al dente, křehké, ale pevné na kousání. Rezervujte si část vody na vaření. Sceďte těstoviny.

6. Přidejte těstoviny do pánve s omáčkou, promíchejte a vařte 1 minutu, v případě potřeby přidejte trochu vody. Přidejte máslo a bazalku. Přidejte sýr a znovu promíchejte. Ihned podávejte.

Anniny smažené špagety

Špagety Fritti alla Anna

Vyrobí 4 porce

Když jsme já, můj manžel a skupina přátel navštívili učitelku a majitelku školy vaření Annu Tascu Lanzu na rodinném statku a vinařství v Regaleali na Sicílii, sdíleli jsme mnoho jídel. Ke konci pobytu jsme se rozhodli udělat neformální oběd z toho, co bylo v lednici. Zatímco jsme my ostatní krájeli chléb a sýr, podávali víno a připravovali salát, Anna nabrala zbytky špaget a vysypala je na těžkou pánev. Za pár minut se z pasty stal křupavý zlatý dort, který všichni hltali. Anna vypadala překvapeně, že jsme si to tak užili, a řekla, že je to něco, co můžete udělat ze zbylých těstovin. Moje kamarádka Judith Weber nakonec získala další informace o tom, jak jsem to dělala, a předala mi recept.

4 až 8 uncí studených zbylých špaget s<u>Sicilská rajčatová omáčka</u>buď<u>marinara omáčka</u>

3 lžíce olivového oleje

2 lžíce strouhaného Pecorino Romano

1. V případě potřeby připravte špagety s rajčatovou omáčkou. Nechte chladit alespoň 1 hodinu nebo přes noc.

2. Ve velké nepřilnavé pánvi rozehřejte na středním plameni 2 lžíce oleje. Posypeme olejem s 1 lžící sýra a ihned přidáme těstoviny na pánev a zploštíme je zadní částí lžíce. Těstoviny by neměly být hlubší než 3/4 palce.

3. Těstoviny vařte, občas je přikryjte na pánev, dokud nebudou na dně zlatavě hnědé a křupavé, asi 20 minut. Občas pod pastu zasuňte tenkou stěrku, abyste měli jistotu, že se nelepí.

4. Když jsou těstoviny pěkně opečené, sundejte pánev z plotny. Zasuňte špachtli pod pastu, abyste se ujistili, že se nezasekává. Na pánev položte velký obrácený talíř. Chraňte si ruce chňapkami, otočte pánev a talíř tak, aby těstovinový koláč spadl z pánve na talíř.

5. Přidejte zbývající olej a sýr na pánev. Zasuňte těstovinový koláč křupavou stranou nahoru zpět do pánve. Vařte stejným způsobem jako první stranu dozlatova a křupava, ještě asi 15 minut. Nakrájejte na měsíčky a podávejte horké.

Timbale z těstovin s lilkem

Těstoviny Timballo

Vyrobí 6 porcí

Těstoviny, sýry a maso zabalené v kupole plátků lilku jsou velkolepým pokrmem na večírek nebo jakoukoli zvláštní příležitost. Není to těžké, ale musíte být velmi opatrní při vyjímání těžkého kotlíku horkého z trouby.

Na Sicílii se vyrábí s caciocavallo, polotuhým sýrem z kravského mléka, který se prodává v hruškovitém střívku. Název znamená koňský sýr a o důvodu jeho názvu se vedou debaty po staletí. Někteří historici se domnívají, že sýr byl původně vyroben z kobylího mléka, zatímco jiní tvrdí, že jej kdysi přepravoval kůň zavěšený na tyčích. Caciocavallo je podobné provolonu, který lze nahradit, nebo použít Pecorino Romano.

2 střední lilky (asi 1 libra každý)

Sůl

Olivový olej

1 střední cibule nakrájená

1 stroužek česneku nasekaný nadrobno

8 uncí mletého hovězího masa

8 uncí italských vepřových klobás, bez kůže a nakrájené

2 libry čerstvých rajčat, oloupaných, zbavených semínek a nakrájených na kostičky, nebo 1 (28 uncí) plechovky dovezených loupaných italských rajčat, nakrájených na kostičky

1 šálek čerstvého nebo mraženého hrášku

čerstvě mletý černý pepř

1 libra perciatelli nebo bucatini

12 uncí mozzarelly, nakrájené

1 šálek čerstvě nastrouhaného caciocavallo nebo Pecorino Romano

3 unce salámu, nakrájeného

2 lžíce nasekané čerstvé bazalky

2 natvrdo uvařená vejce, nakrájená na plátky

1. Lilek nakrájejte podélně na 1/4 palce silné plátky. Plátky bohatě posypte solí a vložte do cedníku, aby alespoň na 30 minut odkapal. Plátky opláchněte a osušte.

2. Zahřejte 1/4palcový olej ve velké pánvi na střední teplotu. Plátky opékejte po několika dozlatova z obou stran, asi 5 minut z každé strany. Nechte okapat na papírových utěrkách.

3. Nalijte olej do velkého hrnce. Přidejte cibuli a česnek a vařte na středním plameni za častého míchání, dokud cibule nezměkne, asi 5 minut. Přidejte hovězí maso a klobásu. Vařte za častého míchání do světle zlaté barvy, asi 10 minut.

4. Přidejte rajčata a podle chuti osolte a opepřete. Vařte na mírném ohni 20 minut. Přidejte hrášek a vařte dalších 10 minut, nebo dokud omáčka nezhoustne.

5. Ve velkém hrnci dejte vařit alespoň 4 litry vody. Přidejte 2 lžíce soli a poté těstoviny. Dobře promíchejte. Vařte na vysokém ohni za častého míchání, dokud nejsou těstoviny měkké, ale stále velmi pevné. Těstoviny sceďte a vraťte do hrnce. Smíchejte těstoviny s omáčkou. Nechte 5 minut vychladnout.

6. Čtyřlitrovou zapékací mísu nebo zapékací mísu vyložte hliníkovou fólií a jemně ji přitlačte ke stěnám. Potřete fólii olivovým olejem. Začněte uprostřed mísy a položte polovinu plátků lilku, mírně je překryjte proti vnitřku, několik plátků si ponechte na vrch.

7. Do pánve s těstovinami přidejte mozzarellu, strouhaný sýr, salám a bazalku a dobře promíchejte. Do připravené mísy přidejte polovinu těstovin, dejte pozor, abyste nenarušili lilek. Na těstoviny položte plátky vajec. Navrch dejte zbývající těstoviny a odložené plátky lilku. Mírně zatlačte dolů.

8. Umístěte rošt do středu trouby. Předehřejte troubu na 400 °F. Pečte 45 až 60 minut, nebo dokud není uprostřed horká, 140 °F, měřeno na teploměru s okamžitým odečtem. (Přesná doba pečení bude záviset na průměru mísy.)

9. Nechte konvici 15 minut odpočívat. Převraťte misku na servírovací talíř. Vyjměte nádobu a jemně odstraňte fólii. Ihned podávejte.

pečená ziti

ziti al forno

Vyrobí 8 až 12 porcí

Zapečené těstoviny, jako je tato, jsou oblíbené v celé jižní Itálii. V době, kdy jen málo domácností mělo pece, se formy na těstoviny přinášely do místní pekárny k uvaření poté, co pekař dokončil přípravu denního chleba.

4 šálky neapolské ragú

Sůl

1 libra ziti, penne nebo rigatoni

1 libra celé nebo části odstředěné ricotty

1 šálek čerstvě nastrouhaného sýra Pecorino Romano nebo Parmigiano-Reggiano

12 uncí čerstvé mozzarelly, nakrájené nebo nastrouhané

1. V případě potřeby připravte ragú. Dále ve velkém hrnci přiveďte k varu 4 litry vody. Přidejte 2 lžíce soli a poté těstoviny. Dobře promíchejte. Vařte na vysokém ohni za častého míchání, dokud nezměkne. Sceďte těstoviny.

2. Ve velké míse smíchejte těstoviny se 2 šálky ragú, 1 šálkem ricotty a polovinou strouhaného sýra. Z ragú vykrojte část masových kuliček a párků a vmíchejte je do těstovin. (Zbývající maso můžeme podávat jako druhý chod).

3. Umístěte rošt do středu trouby. Předehřejte troubu na 350 °F. Rozložte polovinu ziti do zapékací misky o rozměrech 13 × 9 × 2 palce. Navrch rozprostřete zbývající ricottu. Posypeme mozzarellou. Nalijte 1 šálek omáčky. Nalijte zbývající ziti a další šálek omáčky. Posypte zbylou 1/2 šálku strouhaného sýra. Nádobu bezpečně zakryjte hliníkovou fólií.

4. Ziti pečeme 45 minut. Odkryjte a pečte dalších 15 až 30 minut, nebo dokud čepel tenkého nože zasunutá do středu nebude horká a omáčka kolem okrajů nebublá. Nechte 15 minut vychladnout na mřížce. Podávejte horké.

Sicilské pečené těstoviny

Těstoviny al Forno alla Siciliana

Vyrobí 12 porcí

Sicilská rodina mého manžela se těšila, že bude jíst tyto těstoviny při zvláštních příležitostech, jako jsou Vánoce a Velikonoce. Byla to specialita jeho babičky Adele Amico, která pocházela z Palerma.

anellini, „malé kroužky", jsou typickým používaným tvarem těstovin, ale může být těžké je najít. Fusilli lunghi, "dlouhé fusilli" nebo bucatini, tlusté špagety s dírou uprostřed, jsou dobrou náhražkou. Jedná se o perfektní jídlo na párty, protože se dá připravit na etapy nebo sestavit den předem a podávat davu.

Pokud se necítíte při rozbalování těstovin, můžete je nakrájet na čtverečky a podávat přímo z pánve. Odpočinek 20–30 minut po upečení pomůže těstovinám udržet tvar.

Dip

1 1/4 šálku olivového oleje

1 střední cibule, jemně nakrájená

2 stroužky česneku nakrájené nadrobno

1/4 šálku rajčatové pasty

4 plechovky (28 uncí) dovezená italská loupaná rajčata

Sůl a čerstvě mletý černý pepř

1/4 šálku nasekané čerstvé bazalky

Plněné

2 lžíce olivového oleje

1/2 libry mletého hovězího masa

1/2 libry mletého vepřového masa

1 stroužek česneku, velmi jemně nasekaný

Sůl a čerstvě mletý černý pepř

1 šálek čerstvého nebo mraženého hrášku

2 lžíce nesoleného másla, změkl

1 hrnek suché strouhanky

2 libry anellini nebo perciatelli

Sůl

1/2 šálku čerstvě nastrouhaného Parmigiano-Reggiano

1/2 šálku čerstvě nastrouhaného Pecorino Romano

1 šálek dovezeného provolonu, nakrájeného na kostičky

1. Připravte omáčku: Do velkého hrnce nalijte olej. Přidejte cibuli a česnek. Vařte na středním plameni 10 minut nebo dokud cibule a česnek nezměknou a nezezlátnou. Přidejte rajčatovou pastu a vařte 2 minuty.

2. Přidejte rajčata a přiveďte k varu. Přidejte sůl a pepř podle chuti a za občasného míchání vařte 1 hodinu nebo dokud omáčka nezhoustne. Přidejte bazalku.

3. Připravte náplň: Ve velké pánvi rozehřejte olej na střední teplotu. Přidejte maso, česnek, sůl a pepř podle chuti. Vařte 10 minut a míchejte, aby se rozbily hrudky. Když je maso opečené, přidejte dva hrnky připravené rajčatové omáčky. Přiveďte k varu a vařte do zhoustnutí, asi 20 minut. Přidejte hrášek. Necháme mírně vychladnout.

4. Máslové dno a boky 13 × 9 × 2palcové zapékací misky. Pánev potřete strouhankou a poklepejte, aby přilnula.

5. Umístěte rošt do středu trouby. Předehřejte troubu na 375 °F. V každém ze dvou velkých hrnců přiveďte k varu alespoň 4 litry vody. Do každého hrnce přidejte 3 lžíce soli a poté těstoviny.

Dobře promíchejte. Vařte na vysokém ohni za častého míchání, dokud nejsou těstoviny měkké, ale mírně uvařené. Těstoviny sceďte a vraťte do hrnce. Smíchejte těstoviny se 3 šálky přírodní rajčatové omáčky a strouhanými sýry.

6. Polovinu těstovin opatrně nasypte do připravené pánve, snažte se nenarušit strouhanku. Masovou náplň rovnoměrně nalijeme na těstoviny. Navrch rozložíme kostky sýra. Vše zalijeme zbylými těstovinami. Obsah pánve vyrovnejte lžící.

7. Připravte si chladicí rošt a velký tác nebo prkénko o velikosti pánve. Pečte 60 až 90 minut, nebo dokud se pečivo neprohřeje a nebude nahoře křupavé. Nechte těstoviny vychladnout v pánvi na mřížce 30 minut. Přejeďte malým nožem okraje pánve. Chraňte si ruce chňapkami a obraťte těstoviny na tác nebo prkénko. Nakrájejte na čtverečky a podávejte teplé se zbylou rajčatovou omáčkou.

Zapečené těstoviny Sophia Loren

Těstoviny v Forno alla Loren

Vyrobí 8 až 10 porcí

Herečka Sophia Loren ráda vaří a dokonce napsala kuchařky. Jeho skutečné příjmení je Scicolone, stejné jako moje, i když moje jméno pochází od mého manžela a jeho sicilské rodiny. Sophia pochází z Neapole, stejně jako moji prarodiče, i když mé dívčí jméno bylo Scotto. Často se mě ptají, jestli jsme příbuzní. Nejsme, i když obdivuji Sophiinu krásu a talent, jako herečku i jako kuchařku.

Toto je moje interpretace receptu na zapečené těstoviny, který jsem ji kdysi slyšel popsat jako oblíbený podnik. Pokud jste pokrm udělali s předstihem a uložili jej do lednice, nezapomeňte přidat alespoň půl hodiny k době pečení.

4 šálkyboloňská omáčkanebo jiné maso a rajčatová omáčka

    4 šálkyBešamelová omáčka

Sůl

1 1/2 libry penne, ziti nebo mostaccioli

1 šálek čerstvě nastrouhaného Parmigiano-Reggiano

1. V případě potřeby připravte obě omáčky. Dále vymažte máslem pekáč o rozměrech 13 × 9 × 2 palce.

2. Ve velkém hrnci dejte vařit alespoň 4 litry vody. Přidejte 2 lžíce soli a poté těstoviny. Dobře promíchejte. Vařte na vysokém ohni za častého míchání, dokud nejsou těstoviny téměř měkké. Sceďte těstoviny.

3. Umístěte rošt do středu trouby. Předehřejte troubu na 400 ° F. Rezervujte si 1/4 šálku sýra. Smíchejte těstoviny s polovinou boloňské omáčky. Na pánev rozprostřete asi 1/3 těstovin. Zalijte asi 1/3 bešamelu a sýrem. Pokapeme další boloňskou omáčkou.

4. Opakujte, přidejte další dvě vrstvy, použijte všechny přísady. Posypeme odloženým sýrem.

5. Zakryjte pánev hliníkovou fólií. Pečte, dokud kolem okrajů nebudou bublinky a čepel tenkého nože zasunutá do středu bude horká, asi 45 minut. Odkryjte a pečte dalších 15 minut. Vyndejte těstoviny z trouby. Nechte 15 minut vychladnout na mřížce. Podávejte horké.

Linguine s omáčkou z mušlí

Linguine alle Vongole

Vyrobí 4 až 6 porcí

Použijte nejmenší škeble, které najdete, jako jsou manilské škeble nebo škeble. Novozélandské srdcovky se staly široce dostupnými v mé oblasti a mohou být i ve vaší oblasti. Tyto také fungují dobře. Italové používají vongole velké desetníky, jemné, tvrdé škeble s krásnými klikatými znaky. Buď tyto škeble nejsou příliš krupičkové, nebo se před vařením dobře očistí, protože Italové se před přípravou omáčky neobtěžují odstranit škeble ze skořápky.

Linguini s omáčkou z mušlí nepodávejte se strouhaným sýrem.

3 kilové malé novozélandské škeble nebo srdcovky, dobře vydrhnuté

⅓ šálku extra panenského olivového oleje a více na pokapání

4 stroužky česneku nakrájené nadrobno

2 lžíce nasekané čerstvé plocholisté petrželky

Špetka mleté červené papriky

1 libra linguine

Sůl

1. Umístěte škeble do velkého hrnce s 1/4 šálku vody na středně vysokou teplotu. Hrnec přikryjeme a vaříme, dokud se tekutina nevyvaří a škeble se nezačnou otevírat. Otevřené škeble vyjměte děrovanou lžící a přendejte do misky. Pokračujte ve vaření neotevřených škeblí. Vyhoďte všechny, které se odmítají otevřít. Rezervujte si škeble šťávy.

2. Nad malou miskou zachyťte šťávu, oškrábejte škeble ze skořápek a vložte je do jiné misky. Veškerou tekutinu z hrnce nalijte do nádoby se šťávami. Pokud jsou škeble písčité, opláchněte je jednu po druhé šťávou ze škeblí. Propasírujte tekutinu přes jemné sítko vyložené tenkou tkaninou.

3. Nalijte olej do pánve dostatečně velké, aby se do ní vešly uvařené těstoviny. Přidejte česnek, petržel a drcenou červenou papriku. Vařte na středním plameni, dokud česnek nezezlátne, asi 2 minuty. Přidejte šťávu z mušlí. Vařte, dokud se tekutina nezredukuje na polovinu. Přidejte škeble. Vařte ještě 1 minutu.

4. Mezitím ve velkém hrnci přiveďte k varu alespoň 4 litry vody. Přidejte 2 polévkové lžíce soli, poté linguine a jemně ji zatlačte dolů, dokud nebudou těstoviny zcela pokryty vodou. Dobře

promíchejte. Vařte za častého míchání, dokud není linguine al dente, křehká, ale stále pevná na skus. Sceďte těstoviny.

5. Přeneste těstoviny na pánev s omáčkou a dobře promíchejte na vysoké teplotě. Přidejte kapku extra panenského olivového oleje a znovu promíchejte. Ihned podávejte.

Toskánské špagety se škeblemi

Špagety alla Viareggina

Vyrobí 4 až 6 porcí

Zde je další verze špaget s škeblemi, jak se vyrábí ve Viareggiu na pobřeží Toskánska. Cibule, víno a rajčata dodávají omáčce komplexnější chuť.

3 kilové malé novozélandské škeble nebo srdcovky, dobře vydrhnuté

Sůl

⅓ šálku olivového oleje

1 malá cibule nakrájená nadrobno

2 stroužky česneku nakrájené nadrobno

Špetka mleté červené papriky

1½ šálků čerstvých rajčat oloupaných, zbavených semínek a nakrájených na kostičky nebo konzervovaných dovezených italských rajčat, okapaných a nakrájených na kostičky

1½ šálku suchého bílého vína

2 lžíce nasekané čerstvé petrželky

1 libra špaget nebo linguini

1. Umístěte škeble do velkého hrnce s 1/4 šálku vody na středně vysokou teplotu. Hrnec přikryjeme a vaříme, dokud se tekutina nevyvaří a škeble se nezačnou otevírat. Otevřené škeble vyjměte děrovanou lžící a přendejte do misky. Pokračujte ve vaření neotevřených škeblí. Ty, které se neotevírají, vyhoďte.

2. Nad malou miskou zachyťte šťávu, oškrábejte škeble ze skořápek a vložte je do jiné misky. Veškerou tekutinu z hrnce nalijte do nádoby se šťávami. Pokud jsou škeble písčité, opláchněte je jednu po druhé šťávou ze škeblí. Propasírujte tekutinu přes jemné sítko vyložené tenkou tkaninou.

3. Nalijte olej do velkého hrnce. Přidejte cibuli a vařte za častého míchání na středním plameni, dokud cibule nezezlátne, asi 10 minut. Přidejte česnek a drcenou červenou papriku a vařte ještě 2 minuty.

4. Přidejte rajčata, víno a přecezenou šťávu ze škeblí. Vařte 20 minut nebo dokud se omáčka nezredukuje a nezhoustne.

5. Ve velkém hrnci dejte vařit alespoň 4 litry vody. Přidejte 2 polévkové lžíce soli, poté těstoviny a jemně je zatlačte dolů, dokud nebudou těstoviny zcela pokryty vodou. Dobře promíchejte. Vařte na vysokém ohni za častého míchání, dokud

nejsou těstoviny al dente, křehké, ale pevné na kousání. Rezervujte si část vody na vaření. Sceďte těstoviny.

6. Do omáčky přidejte škeble a petržel. V případě potřeby přidejte trochu vody. V horké servírovací misce smíchejte omáčku a těstoviny. Ihned podávejte.

Linguini s ančovičkami a pikantní rajčatovou omáčkou

Linguine alla Puttanesca

Vyrobí 4 až 6 porcí

Obvyklé vysvětlení italského názvu pro tuto pikantní omáčku je, že ji vymyslely římské nebo neapolské prostitutky, které měly málo času na vaření, ale chtěly teplé a chutné jídlo.

1/4 šálku olivového oleje

3 stroužky česneku, velmi jemně nasekané

Špetka mleté červené papriky

1 plechovka (28 uncí) dovezených loupaných italských rajčat, okapaných a nakrájených

Sůl

6 nakrájených filetů sardele

1/2 šálku nakrájené Gaety nebo jiných měkkých černých oliv

2 lžíce nasekaných opláchnutých kapar

2 lžíce nasekané čerstvé petrželky

1 libra linguine nebo špagety

1. Nalijte olej na dostatečně velkou pánev, aby se do ní vešly všechny uvařené těstoviny. Přidejte česnek a drcenou červenou papriku. Vařte, dokud česnek nezezlátne, asi 2 minuty.

2. Přidejte rajčata a špetku soli. Přiveďte k varu a vařte 15 až 20 minut nebo dokud omáčka nezhoustne.

3. Přidejte ančovičky, olivy a kapary a vařte další 2 až 3 minuty. Přidejte petržel.

4. Ve velkém hrnci dejte vařit alespoň 4 litry vody. Přidejte linguini a sůl podle chuti. Jemně zatlačte pastu dolů, dokud nebude zcela pokryta vodou. Vařte za častého míchání, dokud nejsou těstoviny al dente, měkké, ale pevné na kousání. Rezervujte si část vody na vaření. Sceďte těstoviny.

5. Přidejte těstoviny do pánve s omáčkou. Míchejte 1 minutu na vysoké teplotě, v případě potřeby přidejte trochu vody z vaření. Ihned podávejte.

Linguini s krabem a baby rajčaty

Linguine al Granchio

Vyrobí 4 až 6 porcí

V Neapoli malé sušené chilli dodávají chuť mnoha omáčkám z mořských plodů, ale jakoukoli pálivou papriku používejte střídmě, protože může přebít jemnost krabího masa. Totéž platí pro česnek, který se v tomto receptu používá pouze k ochucení oleje na vaření, poté se odstraní před přidáním rajčat a kraba.

1/3 šálku olivového oleje

3 velké stroužky česneku, rozdrcené

Špetka mleté červené papriky

2 pinty cherry nebo hroznových rajčat, rozpůlených nebo rozčtvrcených, jsou-li velké

Sůl a čerstvě mletý černý pepř

8 uncí čerstvého kusu krabího masa, oříznutého, aby se odstranily kousky skořápky, nebo nakrájeného vařeného humra

8 lístků čerstvé bazalky, nakrájené na kousky

1 libra linguine

1. Nalijte olej do velké pánve. Přidejte stroužky česneku a červenou papriku a vařte na středním plameni, česnek jednou nebo dvakrát protlačte zadní částí lžíce, dokud česnek nezezlátne, asi 4 minuty. Česnek vyjměte děrovanou lžící.

2. Přidejte rajčata a podle chuti osolte a opepřete. Vařte za častého míchání, dokud rajčata nezměknou a nepustí šťávu, asi 10 minut.

3. Jemně přidejte kraba a bazalku. Sundejte z ohně.

4. Ve velkém hrnci dejte vařit alespoň 4 litry vody. Přidejte 2 polévkové lžíce soli, poté těstoviny a jemně je zatlačte dolů, dokud nebudou těstoviny zcela pokryty vodou. Dobře promíchejte. Vařte na vysokém ohni za častého míchání, dokud nejsou linguini al dente, jemné, ale pevné na skus.

5. Sceďte těstoviny a nechte si část vody na vaření. Přidejte těstoviny do pánve s omáčkou a přidejte trochu vody, pokud se zdají suché. Míchejte na vysoké teplotě po dobu 1 minuty. Ihned podávejte.

Linguine se smíšenou omáčkou z mořských plodů

Linguine ai Frutti di Mare

Vyrobí 4 až 6 porcí

Malá sladká hroznová rajčata jsou plná chuti jako pomodorini della collina, malá rajčata na svahu, která se pěstují v Neapoli a okolí. Pokud nemáte k dispozici hroznová rajčata, použijte místo nich čerstvě nakrájená cherry rajčata nebo švestková rajčata.

Tato omáčka může být připravena za krátkou dobu potřebnou k vaření těstovin. Aby se nic nepřevařilo, připravte si všechny potřebné ingredience a vybavení, než začnete. Chcete-li ušetřit čas a námahu, můžete použít předem nařezané kroužky kalamárů (chobotnice).

1 libra očištěných kalamárů (kalamáry)

6 polévkových lžic extra panenského olivového oleje, plus další na pokapání

Sůl

1 libra středních krevet, vyloupaných a zbavených

2 velké stroužky česneku, jemně nasekané

1/4 šálku nasekané čerstvé petrželky

Špetka mleté červené papriky

1 pinta cherry nebo hroznových rajčat, rozpůlená

1 libra malých škeblí nebo mušlí s tvrdou skořápkou, očištěné a oloupané podle pokynů v krocích 1 a 2Linguine s omáčkou z mušlívčetně šťávy

1 libra linguine nebo tenkých špaget

1.Těla chobotnic nakrájejte na 1/2palcové kroužky a základnu chapadel napůl křížem. Krevety nakrájejte na 1/2palcové kousky. Suché měkkýše.

2.V pánvi dostatečně velké, aby se do ní vešly všechny ingredience, rozehřejte 4 lžíce oleje na středně vysokou teplotu. Přidejte kalamáry a sůl podle chuti. Vařte za častého míchání, dokud kalamáry nejsou neprůhledné, asi 2 minuty. Vydlabejte kalamáry děrovanou lžící a přendejte na talíř. Přidejte krevety a sůl podle chuti do pánve. Vařte za míchání, dokud krevety nezrůžoví, asi 1 minutu. Krevety přendejte na talíř s kalamáry.

3.Do pánve přidejte zbývající 2 lžíce oleje, česnek, petržel a červenou papriku. Vařte za míchání, dokud česnek nezezlátne, asi 2 minuty. Přidejte rajčata a šťávu z mušlí. Vařte 5 minut nebo dokud rajčata nezměknou. Přidejte kalamáry, krevety a škeble.

4. Ve velkém hrnci dejte vařit alespoň 4 litry vody. Přidejte 2 polévkové lžíce soli, poté těstoviny a jemně je zatlačte dolů, dokud nebudou těstoviny zcela pokryty vodou. Dobře promíchejte. Vařte na vysokém ohni za častého míchání, dokud nejsou těstoviny al dente, křehké, ale pevné na kousání. Sceďte těstoviny a nechte si část vody na vaření.

5. Přidejte těstoviny do pánve s měkkýši. Vařte na vysoké teplotě a míchejte těstoviny s omáčkou po dobu 30 sekund. V případě potřeby přidejte trochu vody na vaření. Zakápněte extra panenským olivovým olejem a znovu promíchejte. Podávejte horké.

Jemné špagety s bottargou

Špagety s Bottargou

Vyrobí 4 až 6 porcí

Bottarga jsou solené sušené jikry z parmice, tuňáka nebo jiných ryb. Většina pochází ze Sardinie nebo Sicílie. Prodává se jako celý kus v ledničce na mnoha trzích s mořskými plody a gurmánských obchodech a je oholený nebo strouhaný škrabkou na zeleninu nebo struhadlem na sýr. Existuje také práškový suchý typ, který se prodává ve sklenicích. Je to pohodlné, ale preferuji chlazenou variantu. Chuť bottargy se nachází mezi příchutí kaviáru a prvotřídních ančoviček.

⅓ šálku extra panenského olivového oleje

2 stroužky česneku nakrájené nadrobno

2 lžíce nasekané čerstvé petrželky

Špetka mleté červené papriky

Sůl

1 libra tenkých špaget

3 až 4 lžíce škrábané nebo nastrouhané bottargy

1. Nalijte olej do dostatečně velké pánve, aby pojal všechny těstoviny. Přidejte česnek, petržel a pepř. Vařte na středním plameni, dokud česnek nezezlátne, asi 2 minuty.

2. Ve velkém hrnci dejte vařit alespoň 4 litry vody. Přidejte 2 lžíce soli a poté těstoviny. Dobře promíchejte a opatrně zatlačte těstoviny dolů, dokud nebudou zcela pokryty vodou. Vařte na vysokém ohni za častého míchání, dokud nejsou těstoviny al dente, křehké, ale pevné na kousání. Sceďte těstoviny a nechte si část vody na vaření.

3. Přidejte těstoviny do pánve a dobře promíchejte 1 minutu na vysoké teplotě. V případě potřeby přidejte trochu vody z vaření. Přisypte bottargu a znovu promíchejte. Ihned podávejte.

Benátské celozrnné špagety v sardelové omáčce

bigoli v omáčce

Vyrobí 4 až 6 porcí

V Benátkách se tlusté celozrnné špagety vyrábí ručně pomocí speciálního zařízení zvaného torchio, které funguje jako mlýnek na maso. Těsto se protlačuje malými otvory v torchiu a vystupuje jako dlouhé prameny. Na tento recept, který je benátskou klasikou, používám sušené celozrnné špagety.

1/4 šálku olivového oleje

2 střední červené cibule, rozpůlené a nakrájené na tenké plátky

1/2 šálku suchého bílého vína

1 sklenice (3 unce) filety sardele

Sůl

1 libra celozrnných špaget

čerstvě mletý černý pepř

1. Nalijte olej do dostatečně velké pánve, aby pojal všechny těstoviny. Přidejte cibuli a vařte na středním plameni, dokud

cibule nezezlátne, asi 10 minut. Přidejte víno a za častého míchání vařte, dokud cibule nezměkne, ale nezhnědne, asi ještě 15 minut.

2. Ančovičky sceďte, olej si nechte. Přidejte ančovičky do pánve a promíchejte. Vařte dalších 10 minut za častého míchání, dokud se ančovičky nerozpustí.

3. Ve velkém hrnci dejte vařit alespoň 4 litry vody. Přidejte 2 lžíce soli a poté těstoviny. Dobře promíchejte a opatrně zatlačte těstoviny dolů, dokud nebudou zcela pokryty vodou. Vařte na vysokém ohni za častého míchání, dokud nejsou těstoviny al dente, křehké, ale pevné na kousání. Rezervujte si část vody na vaření. Sceďte těstoviny.

4. Přidejte těstoviny do pánve s omáčkou a míchejte 1 minutu na vysoké teplotě, v případě potřeby přidejte trochu vody. Podle potřeby pokapejte trochou rezervovaného sardelového oleje a posypte čerstvě mletým pepřem. Ihned podávejte.

Špagety ve stylu Capri

Špagety alla caprese

Vyrobí 4 až 6 porcí

Ryby a sýr se v Itálii spárují jen zřídka, protože ostrost sýra může přebít jemnost ryby. Ale pro každé pravidlo existuje výjimka. Zde jsou těstoviny z ostrova Capri, které kombinují dva druhy ryb s mozzarellou. Chuť funguje, protože sýr je hladký a bohatý, ale snadno ho překonají ančovičky a tuňák.

⅓ šálku olivového oleje

2 šálky oloupaných čerstvých rajčat, zbavených semínek a nakrájených na kostičky nebo konzervovaných dovezených italských rajčat, okapaných a nakrájených na kostičky

Sůl

4 nakrájené filety sardele

1 (7 uncí) konzervy tuňáka na olivovém oleji, okapané a nakrájené

12 Gaeta nebo jiných měkkých černých oliv, vypeckovaných a nakrájených

čerstvě mletý černý pepř

1 libra špaget

Sůl

4 unce čerstvé mozzarelly, nakrájené na kostičky

1.V pánvi dostatečně velké, aby se do ní vešly uvařené těstoviny, rozehřejte olivový olej na středním plameni. Přidejte rajčata a sůl podle chuti. Vařte za občasného míchání 10 až 15 minut nebo dokud se rajčatová šťáva neodpaří. Uhasit oheň.

2.Nakrájené ingredience přidejte do rajčatové omáčky. Přidejte pepř podle chuti.

3.Ve velkém hrnci dejte vařit alespoň 4 litry vody. Přidejte 2 lžíce soli a poté těstoviny. Dobře promíchejte a opatrně zatlačte těstoviny dolů, dokud nebudou zcela pokryty vodou. Vařte na vysokém ohni za častého míchání, dokud nejsou těstoviny al dente, křehké, ale pevné na kousání. Sceďte těstoviny a nechte si část vody na vaření.

4.Přidejte těstoviny do pánve s omáčkou a dobře promíchejte 1 minutu na středním plameni. Pokud se vám těstoviny zdají suché, přidejte trochu vody. Přidejte mozzarellu a znovu promíchejte. Ihned podávejte.

Linguini s krevetami, benátský styl

Linguine al Gamberi alla Veneta

Vyrobí 6 porcí

Možná proto, že jejich město bylo kdysi důležitým obchodním přístavem s Orientem, byli benátští kuchaři vždy otevření experimentům. Tento linguine je například ochucený plátkem čerstvého zázvoru, který se v italské kuchyni moc nepoužívá, ale s krevetami se skvěle hodí.

1 1/2 libry velké krevety, vyloupané a zbavené

1/2 šálku olivového oleje

3 stroužky česneku nasekané nadrobno

1/-palec silný kousek čerstvého zázvoru, oloupaný

Špetka mleté červené papriky

Sůl podle chuti

1 lžíce čerstvé citronové šťávy

1 šálek suchého bílého vína

2 lžíce nasekané čerstvé petrželky

1 libra linguine

1. Krevety opláchněte a osušte. Nakrájejte každou krevetu na 1/2-palcové kousky.

2. Nalijte olej na dostatečně velkou pánev, aby se do ní vešly všechny uvařené těstoviny. Přidejte česnek, zázvor a drcenou červenou papriku. Vařte na středním plameni, dokud česnek nezezlátne, asi 2 minuty. Přidejte krevety a špetku soli. Vařte za stálého míchání, dokud nejsou krevety propečené, asi 2 minuty. Přidejte citronovou šťávu a víno a přiveďte k varu. Vařte 2 minuty. Přidejte petržel. Sundejte z ohně.

3. Ve velkém hrnci dejte vařit alespoň 4 litry vody. Přidejte 2 lžíce soli a poté těstoviny. Dobře promíchejte a opatrně zatlačte těstoviny dolů, dokud nebudou zcela pokryty vodou. Vařte na vysokém ohni za častého míchání, dokud nejsou těstoviny al dente, křehké, ale pevné na kousání. Sceďte těstoviny a nechte si část vody na vaření.

4. Přidejte těstoviny na pánev a míchejte na nejvyšší úrovni po dobu 1 minuty, dokud se dobře nepromíchají. V případě potřeby přidejte trochu vody z vaření. Odstraňte zázvor. Ihned podávejte.

www.ingramcontent.com/pod-product-compliance
Lightning Source LLC
Chambersburg PA
CBHW071435080526
44587CB00014B/1852